[개정판]

영유아 미술교육

Art Education for Young Children

오세니 장은미 홍성숙 허진 한경애 박유순

양 성 원

머리말

영유아는 모든 감각을 활용하여 끊임없이 자신을 둘러싼 세계를 탐색한다. 보고, 듣고, 만지며 자신을 둘러싼 세계를 탐색한 영유아는 자신의 생각과 느낌을 다양한 방법으로 표현한다.

시원한 포도덩굴 그늘, 말랑말랑한 포도알...

그늘 아래 촉촉한 모래, 살랑살랑 춤추는 나뭇잎...

꼬불꼬불 털실, 알록달록 둥근 단추, 춤추는 종이봉투 인형...

꼭꼭 숨어있는 딸기, 얽혀있는 딸기 줄기, 새콤달콤한 딸기 향기...

바람과 함께 불어온 바다냄새, 멀리 떠나는 유람선, 시원하게 들리는 파도소리...

미술은 영유아가 주변 세계와 소통하며, 자신을 둘러싼 세계에 대해 이해하고 표현하도록 도와주는 역할을 한다. 즉 영유아에게 미술교육은 미술적 기능과 재능을 육성하기 위한 전문적인 교육과정이 아닌 영유아 내부에 잠재되어 있는 미적 감수성을 개발하고, 표현의 욕구를 발산할 수 있는 기회를 제공하는 것이다.

최근 영유아를 위한 미술교육에서 중요하게 다루어지는 부분은 결과보다 과정이다. 미술 활동 과정 중에 교사는 영유아가 흥미를 갖고 자신을 둘러싼 세계 속에 내재된 아름다움을 찾고, 자신의 느낌과 생각을 창의적으로 표현하며, 감상할 수 있도록 안내하고 도와야 한다. 그러나 안타깝게도 대부분의 예비 유아교사들은 대학에서 다양한 표현기법을 익히고, 완성도 높은 결과물을 얻기 위해 많은 에너지를 쏟는다. 흥미를 갖고 자신을 둘러싼 세계 속에 내재된 아름다움을 느끼고, 다양한 미술재료와 도구로 자신의 생각을 표현하고, 서로의 미술작품을 감상하며 미술활동 자체를 즐길 수 있는 경험을 하지 못하는 경우가 많다. 이에 유아교육현장의 교사들과 예비 유아교사들에게 영유아 미술교육에 대한 바람직한 인식과 미술활동 운영 방법에 대한 실질적인 도움을 주고자 마음을 같이하는 하는 사람들이 모여 이 책을 펴게 되었다.

이 책은 국가수준 교육과정(제4차 어린이집 표준보육과정, 2019 개정 누리과정)에 근거하여 탐색, 표현, 감상 중심으로 영유아 발달, 교육내용, 교수학습방법을 설명하였으며, 누리과정에서 강조한 영유아 중심, 놀이 중심을 반영한 미술활동을 소개하였다. 미술활동은 유아교육현장에서 오랜 시간 미술활동을 운영해 온 경험을 토대도 교사와 영유아가 함께 놀이하며 즐겁게 참여할 수 있는 미술활동, 다양한 재료(문구류, 생활용품, 자연물 등)를 실험하고 창작해 볼 수 있는 미술활동, 재료를 활용하여 다양한 방법으로 표현 가능한 미술활동을 소개하였다.

이 책은 '제1부 영유아 미술교육을 위한 이론'과 '제2부 영유아 미술교육을 위한 실제'편으로 나뉘어 있으며, 제1부는 8장, 제2부는 3장으로 구성되어 있다.

제1부인 영유아를 위한 미술교육의 이론편에는 영유아 미술교육의 이해, 영

유아 미술교육과 발달, 영유아 미술교육과 교육과정, 영유아 미술교육을 위한 교수학습방법, 교사의 자질과 역할, 평가, 환경구성, 작품 전시를 다루었으며, 제2부인 영유아를 위한 미술교육의 실제편에는 개정 누리과정에 기초한 놀이 중심 미술활동, 다양한 미술 재료, 재활용품, 자연물을 활용한 다양한 미술활동을 제시하였다.

이 책을 통해 유아교육현장의 교사들과 예비 유아교사들의 미적 감수성과 미술에 대한 흥미, 미술교육에 대한 유능감을 높이는데 조금이나 도움이 되기를 바라며 처음부터 마지막까지 최선을 다해준 집필진들에게 먼저 감사를 표한다. 그리고 제2부 실제편의 집필을 위해 여러모로 애써주신 여림유치원의 지현경 원장님과 영보유치원의 조주영선생님, 도두리어린이집의 서민경선생님에게도 감사의 마음을 전한다. 아울러, 미술 작품 및 환경 사진을 위한 촬영에 협조해 주신 동대문구 포르테 몬테소리어린이집, 서초구 일원동어린이집, 구리시 갈매 행복어린이집, 의정부 푸르니어린이집, 부평 이화유치원, 부천 사랑샘유치원의 선생님들께 감사함을 전하며 이 책이 나올 수 있도록 기회를 주신 양성원 출판사에게 감사의 마음을 전합니다.

끝으로 함께 모여 원고를 읽고 검토하였지만 좀 더 꼼꼼히 다듬지 못한 부분이 있지 않을까 하는 걱정이 앞섭니다. 부족한 부분들은 현장의 교수님들과 선생님들이 미술교육을 하면서 다양한 재료나 창의적인 방법을 적용하여 더 풍부한 미술교육의 장으로 확장하여 주시리라 기대해봅니다.

2021년 2월

저자 일동

차 례

제1부 영유아 미술교육을 위한 이론

제2부 영유아 미술교육을 위한 실제

제1부

영유아 미술교육을 위한 이론

제1장

영유아 미술교육의 이해

활동 목표

1. 영유아 미술교육의 개념을 정의할 수 있다.
2. 영유아 미술교육의 의의를 설명할 수 있다.
3. 영유아 미술교육의 목적을 설명할 수 있다.

제1장

영유아 미술교육의 이해

1. 영유아 미술교육의 개념

영유아에게 미술은 자신의 생각과 감정을 표현하도록 도와주는 역할을 한다. 영유아는 세상과 주변세계를 바라보면서 자신이 보고 느끼고 생각하는 것을 미술을 통해 표현하면서 즐거움과 만족감을 느끼고 미술을 통해 타인을 이해할 수 있게 된다(지성애 · 김성현, 2014). 영유아에게 미술은 기술이나 기능을 학습하는 활동이라기보다는 관심을 갖는 사물의 색 · 모양 · 선 · 질감 · 형태 등의 미술적 요소를 발견하고 탐색하고 체험하고 감상하는 활동이다(김선월, 2012).

특히, 미술은 언어적 의사소통능력이 부족한 영유아들에게 있어서 자신의 생각과 감정을 전달할 수 있는 상징체계(symbol system)의 기능을 하게 되고 학습의 도구로 사용될 수 있다. 즉, 영유아에게 미술은 자기 표현의 수단이 되며 지식을 습득하고 전달하는 과정에서 상징화하는 매체가 될 수 있으며, 창의성과 감성을 계발하는 매개체의 역할을 한다(Isenberg & Jalonggo, 2001).

영유아를 대상으로 하는 미술교육은 유아교육이라는 학문의 테두리를 벗어날 수 없기 때문에 영유아교육의 본질적 의미를 살펴본다면, 유아교육은 각 영역의 조화로운 발달을 강조하는 통합적 전인교육이라고 할 수 있다. 그러므로 미술교육도 영유아기라는 발달적 특성을 고려하여 그에 따른 적절한 경험과 상호작용을 제공하는 적기교육의 개념으로 이해해야 할 것이다. 즉, 영유아를 대상으로 하는 미술교육은 미술적 기술과 재능을 육성하기 위한 전문적인 교육과정으로 이해해서는 안 되며 영유아의 미술적 발달뿐 아니라 신체, 언어, 정서, 사회, 인지 등 통합적 전인교육으로서 이해되어야 한다.

따라서 영유아를 대상으로 하는 미술교육은 통합적 접근을 기본으로 하여 그리기, 만들기, 꾸미기 등 다양한 활동을 통해 재료의 특성을 이해하고 탐색하고 표현하는 과정을 제공하여 신체 · 언어 · 사회성발달이 일어나게 되고 이러한 과정 가운데 영유아 내부에 잠재되어 있는 욕구를 발산할 수 있는 기회를 제공하며, 미적인 감수성이 계발되도록 제시되어야 한다.

2. 영유아 미술교육의 의의

미술은 예술적 재능을 가진 사람들이나 특별한 사람들의 전유물이 아니다. 영유아를 둘러싸고 있는 환경인 자연, 사물, 그림책, 장난감, 옷, 음식 등에는 색, 형태, 질감 등의 미적 요소가 잠재되어 있다. 이에 영유아기부터 주변 환경에 있는 다양한 미적 요소에 관심을 갖고 탐색하며, 이를 다양한 방법으로 표현하는 과정을 통해 영유아의 전인적 발달을 도와야 한다. 여러 학자들의 의견을 종합하여 영유아 미술교육의 의의를 정리하면 다음과 같다.

1) 영유아 미술교육을 통해 자아존중감이 형성된다

미술은 자아표현의 방법으로 미술을 통해 자아존중감을 발달시키게 된다. 영유아는 자신이 보고 느끼고 상상하고 생각한 모든 것들을 자신의 미술활동 속에 표현하게 된다. 이러한 과정을 통해 영유아는 감정을 표출하고 의사소통을 하면서 인성을 기르게 되며 자기 자신을 존중하는 태도를 배우게 된다(한미양, 2012).

2) 영유아 미술교육을 통해 정서 표출의 기회를 준다

미술활동을 통한 다양한 경험은 영유아에게 만족감과 성취감, 자신감을 주므로 영유아의 정서발달에 도움을 준다. 또한 미술활동을 통해 긍정적 정서뿐 아니라 슬픔, 속상함, 분노와 같은 부정적 정서도 표출할 수 있는 기회를 함께 갖기 때문에 정서를 순화하는 경험을 하게 되는 것이다(박화윤, 2001 ; 이숙재 · 김경란 · 이방실, 2015)

3) 영유아 미술교육을 통해 바람직한 인격형성의 기초가 형성된다

영유아는 미술활동을 하면서 부모, 선생님, 또래와 협력하기도 하고 자신의 차례를 기다리고 재료를 나누어 쓰는 경험을 하게 된다. 공동 작품을 만드는 과정에서 또래와 토론하고 협의하면서 자기조절력, 책임감, 협동심과 같은 사회적 능력이 발달된다. 또한 친구의 그림을 감상하고 서로 의견을 교환하며 이야기하는 과정에서 타인의 표현과 의도를 이해하고 존중하는 사회적 능력이 발달된다(홍순옥 · 정수금, 2003).

4) 영유아 미술교육을 통해 문제해결력이 길러진다

영유아는 미술활동을 하면서 주제를 선택해야 하고, 재료 및 표현방법 등을 생각하여 활동을 하게 되므로 그 과정에서 다양한 문제를 자발적으로 해결할 수 있는 능력을 발달시키게 된다. 또한 친구들과 공동 작업을 하면서 발생되는 문제들을 합리적으로 해결하는 능력을 키우게 된다.

5) 영유아 미술교육을 통해 미적 인식과 심미감이 발달된다

영유아는 미술활동에서 다양한 색, 선, 형태를 표현하는 아름다움과 즐거움을 깨닫게 된다. 영유아는 일상생활에서 심미적 능력을 활용하여 아름다운 것을 찾게 되고 감상하는 능력을 기르며 마음속 깊은 감동을 느끼게 된다. 이를 통해 진정으로 예술을 이해하고 사랑하는 태도를 갖게 되며 삶에 대한 태도에도 영향을 미치게 된다.

6) 영유아 미술교육을 통해 창의성이 증진된다

영유아는 미술활동에서 자신이 발견하고 생각한 것을 그리기, 만들기, 꾸미기, 붙이기, 오리기 등의 다양한 방법으로 표현한다. 자신만의 독창성을 가지고 주변세계를 표현하면서 영유아는 자신만의 이야기를 만든다. 이러한 과정은 영유아의 창의적 사고를 증진하는 데 도움이 된다(김형수 · 조수현, 2012).

3. 영유아 미술교육의 목적

유아교육의 본질은 각 영역의 조화로운 발달을 돕는 통합적 교육으로 영유아기의 발달적 특징에 따른 적절한 경험을 제공하는 적기교육이라고 할 수 있다. 특정한 영역의 발달이나 특정한 기술의 조기습득을 위한 미술교육은 바람직하지 않다. 영유아를 위한 미술교육은 신체, 언어, 정서, 사회, 인지 등 전인발달을 위한 통합적 전인교육으로 이루어져야 한다. 이에 학자들의 의견을 종합하여 영유아의 발달적 측면에서 미술교육의 목적을 정리하면 다음과 같다.

1) 영유아의 인지발달을 돕는다

영유아는 미술작품을 만들기 위해 미술 재료를 탐색하는 동안 사물을 관찰하면서 수, 모양, 크기, 부피, 공간, 위치, 방향 등에 대한 수학적 개념을 형성하게 되고 부분과 전체, 원인과 결과에 대한 이해력이 발달하게 된다(Pitri, 2002 ; Seeley, 2013). 따라서 크레파스, 물감, 매직펜 등 다양한 색칠 도구와 찰흙, 자연물, 재활용품, 다양한 종이 등의 미술재료들을 직접 만져보고 두드려보고 구겨보고 느껴보는 등 감각적 경험을 갖도록 하는 것이 중요하다(Koster, 2012).

2) 영유아의 언어발달을 돕는다

영유아는 친구와 함께 미술활동을 하는 동안 친구에게 자기 작품에 대해 설명하고, 친구의 작품에 대해 질문을 한다. 영유아가 자신의 작품을 명명하고 이름을 쓰거나 교사에게 작품 설명을 하고, 교사가 기록하는 과정을 보면서 영유아는 다양한 어휘와 언어적 · 비언어적 상호작용 방법을 습득하게 된다(양새롬, 김성희, 김성현, 2013). 따라서 교사는 영유아의 미술활동을 수행하는 과정 중에 "우리 같이 한번 그려볼까?", "물감을 섞으면 어떻게 될까?"와 같이 언어적으로 상호작용해야 한다(이경연, 2016).

3) 영유아의 신체발달을 돕는다

영유아는 오리거나 붙이기, 접기 등의 미술활동을 하면서 눈과 손의 협응력을 발달시킬 수 있고 다양한 미술재료를 만지고 느끼는 경험을 통해 촉각 등의 감각기관이 발달한다. 또한 도구를 사용하여 그림을 그리거나 점토 놀이를 하면서 소근육을 발달시킬 수 있다. 영유아들의 대근육발달을 위해서 큰 종이에 그림을 그려보거나 커다란 붓이나 크레파스를 사용한다거나 끝에서부터 길게 찢기, 크게 찢기, 자유롭게 찢기 등 대근육을 활용하는 미술활동이 이루어지도록 하는 것이 바람직하다(지성애, 2014).

4) 영유아의 정서발달을 돕는다

언어적 표현이 서툰 영유아는 자신의 감정을 전달하거나 표현하는 것이 어렵기 때문에 미술활동을 통해 내면의 감정을 표현하게 된다. 미술활동을 통한 감정표현은 영유아들의 공격성과 부적응 행동 감소에 영향을 준다(권은주, 2012 ; 박현주 · 황혜자 · 김갑숙, 2006). 또한 영유아의 자발적인 참여에 의한 미술활동은 성취감과 만족감, 자신감을 주며 더 나아가 긍정적인 자아존중감과 정서적인 안정감을 갖게 한다.

5) 영유아의 사회성발달을 돕는다

유아교육기관에서 이루어지는 공동작품 활동은 영유아가 친구와 의견을 교환하고 조정하는 경험을 하게 한다. 이러한 경험은 영유아의 타인조망능력과 자기조절력 발달을 돕는다. 또한 공동 작품활동을 통해 친구와 협력해야 하므로 소속감과 책임감, 공감능력이 발달하며 자연스럽게 공동체 의식도 갖게 된다. 또한 친구와 미술재료를 나누어 사용하고 미술활동 후에는 함께 정리 정돈하는 경험을 통해 영유아는 질서, 양보, 배려, 나눔, 협력 등의 사회적 기초능력을 익히게 된다(김영주 · 안혜숙, 2004).

문제

1. 다음의 괄호에 알맞은 말을 골라 넣으시오.

① 미술은 언어적 의사소통능력이 부족한 영유아가 자신의 생각과 감정을 전달할 수 있는 (　　　)의 기능을 한다.

② 영유아의 자발적 참여에 의한 미술활동은 성취감과 만족감, 자신감을 길러주며, 이를 통해 긍정적인 (　　　)을/를 갖게 되고 정서적인 안정감을 갖게 된다.

2. 다음 문장이 옳으면 O, 틀리면 X표 하시오.

① 영유아 미술교육은 영유아 교육 테두리 밖에 있는 예술적 영역이라고 할 수 있다. (　)

② 영유아에게 미술은 자기표현의 수단이 된다. (　)

③ 영유아 미술교육은 특정한 기술의 발달을 위한 조기교육으로 이루어져야 한다. (　)

④ 미술활동과정 중 영유아는 주제 선정, 미술재료 및 표현 기법 선택 등을 경험하므로 다양한 문제를 자발적으로 해결할 수 있는 능력이 발달한다. (　)

제2장

영유아 미술교육과 발달

활동 목표

1. 영유아의 탐색능력 발달특징을 설명할 수 있다.

2. 영유아의 표현능력 발달특징을 설명할 수 있다.

3. 영유아의 감상능력 발달특징을 설명할 수 있다.

제2장

영유아 미술교육과 발달

영유아에게 미술은 본능적인 욕구이자 생활의 일부분이다. 영유아는 미술활동을 통해 자신의 느낌과 생각을 표현하며 외부세계와 소통하고, 자신을 둘러싼 외부세계에 대한 인식을 확장시킨다. 이에 효과적인 미술활동 운영을 위해 영유아의 발달에 대한 이해는 필수적이다. 이 장에서는 영유아의 미술능력 발달을 탐색능력, 표현능력, 감상능력으로 나누어 살펴보고자 한다.

1 영유아 탐색능력의 발달

미적 탐색은 일상생활과 주변 환경 속에 내재된 사물의 색, 모양, 질감 등의 미적 요소들에 관심을 갖고 적극적으로 아름다움을 찾는 것을 의미한다. 탐색은 영유아의 관심과 흥미를 유발시키며, 미적 요소를 일상생활과 주변 환경 속에서 직접 경험하고 즐길 수 있도록 도움으로써 창의성과 심미감을 길러준다. 따라서 영유아의 미적 지각능력과 미적 인식능력에 대한 이해를 바탕으로 발달에 적합한 탐색의 경험을 제공해 주어야 한다.

1) 영유아의 미적 지각능력의 발달

미적 지각능력은 감각적 자극으로 미적 특성을 의식하는 능력을 의미한다. 영유아의 미적 지각능력은 오감과 같은 감각적 경험을 통해 발달하므로 일상생활 속에서 감각적인 요소들을 찾고 다양한 표현활동으로 연결될 수 있도록 도와야 한다. 미적 특성을 지각하는 능력은 감각적 시기, 구체적 시기, 표현적 시기로 구분할 수 있다.

(1) 감각적 시기

감각적으로 사고하는 능력이 발달하는 시기로, 감각을 통해 사물을 지각하고 감성을 표현한다. 이 시기에는 표현력과 미적 안목이 길러진다. 따라서 적극적으로 사물을 지각하고 창의적으로 표현할 수 있도록 오감을 자극할 수 있는 다양한 체험활동을 제공해야 한다.

(2) 구체적 시기

구체적으로 사고하는 능력이 발달하는 시기로, 묘사된 이미지의 사실성에 근거하여 대상을 선택한다. 이 시기에는 주제와 내용, 사실적인 표현, 대상의 아름다움 등 구체적 시각적 정보에 근거하여 대상을 판단한다.

(3) 표현적 시기

추상적으로 사고하는 능력이 발달하기 시작하는 시기로, 작품의 양식적인 특징을 지각하고 이해하여 반응한다. 이 시기는 표현적 메시지에 많은 관심을 갖게 되며, 매체 사용에 따른 차이와 미술양식에 따른 차이 등을 이해할 수 있다(이정욱 외, 2010).

2) 영유아의 미적 인식능력의 발달

미적 인식은 환경과 영유아를 연결시키는 가장 기본적인 방법으로, 미적 성장의 중요한 부분이다. 미적 인식은 대상을 관찰하고 반응하며 구조적인 차이를 깨닫는 영유아의 사고과정에 영향을 주며, 영유아의 개성 발견, 창의성 발달과 밀접한 관련이 있어 미술교육의 기본적인 영역이라 할 수 있다. 영유아의 미적 인식의 성장은 지역적 문화, 사회적 가치기준, 미적 취향의 변화, 개인의 개성과 미적 선호도에 의해 영향을 받는다.

영유아의 미적 인식능력은 다음과 같은 단계를 거쳐 발달한다(권혁미, 2002).

◀ 영유아의 미적 인식 능력의 발달 단계

- **1단계 – 천성적 애호 단계** : 영유아가 좋아하는 대상을 색채로 표현하며, 직관적으로 그림에 대해 느끼고 색 자체를 즐긴다.
- **2단계 – 아름다움과 사실성의 단계** : 시각의 발달로 관찰한 것을 바탕으로 대상을 표현하며, 사물과 닮게 그리는 사실적 묘사가 나타난다.

영유아기는 주변에 관심을 가지고 감각과 신체를 이용하여 보고 듣고 만지며 느낀 것을 자연스럽게 표현하는 시기이기 때문에 영유아의 감수성을 발달시키기에 가장 적합하다. 따라서 영유아의 미적 인식능력의 발달을 돕기 위해 교사는 영유아의 탐색수준을 고려하여 오감을 자극할 수 있는 다양한 체험활동의 기회와 스스로 탐색할 수 있는 충분한 시간을 제공해 주어야 한다. 또한 체험활동을 제공할 때는 지각적 · 지적 · 정서적 경험의 균형을 고려하고 관찰하며 탐색한 바를 자유롭게 표현할 수 있도록 돕는다.

표 2-1 영유아의 미적 인식능력의 발달

연령	미적 인식능력의 특징
1~2세	주변 환경에 호기심이 많으며, 주변에 있는 사물을 만져보고 조작하는 활동을 즐김
3세	정사각형을 그리는 것은 어려워하나 다양한 기하학적인 형태 속에서 정사각형을 찾을 수 있음
4~5세	그림 속의 비슷한 사물들을 같은 것으로 인식하며, 논리적으로 사물들을 차례대로 나열하거나 서로 관련짓기 어려워 함

출처 : 한경애, 이영미(2016)

2 영유아 표현능력의 발달

미술의 그림 표현능력 발달단계를 이론으로 정립하기 시작한 학자는 로웬펠드(Lowenfeld)였다. 로웬펠드는 영아기부터 청소년기까지의 그림 표현 발달 특성을 분석하여 6단계로 구분하였다. 켈로그(Kellogg)는 유아기 그림 표현을 집중적으로 연구하였다. 미국 샌프란시스코의 골든게이트 유치원(Golden Gate Kindergarten) 교사였던 켈로그는 20여 년간 만 6세 미만의 영유아 그림을 전 세계로부터 수집하여 분석한 후 영유아의 그림 표현 발달단계를 정리하였다. 로웬펠드와 켈로그의 그림 표현 발달단계 중 영유아기 전후 시기를 살펴보면 다음과 같다.

1) 로웬펠드의 발달단계

로웬펠드는 영아기부터 청소년기까지의 그림 표현 발달단계를 난화기, 전도식기, 도식기, 여명기, 의사실기, 사실기로 구분하였으며 영유아기의 긁적거리기를 다음과 같이 세 단계로 나누어 설명하였다.

① 난화기(Scribbling stage, 2~4세)

자기 표현의 시작단계로서 무엇을 그린다기보다는 감각적 운동의 즐거움과 기능적 즐거움을 추구하는 시기이다. 이 시기에는 그림을 그린 결과 우연히 생기는 선들을 발견하고 즐기기 시작하여, 점차 눈과 손의 협응능력이 발달하고 근육의 통제가 가능해지면서 무의미한 선에서 조절된 난화와 의도된 난화로 발전한다.

- 무의미한 난화(1~2세)

영아가 목적과 방향 감각 없이 의미 없는 선들을 끼적거리는 시기로, 무엇을 그린다기보다는 손과 팔의 움직임에 의해 생기는 선들을 발견하고 즐기는 시기이다. 이 시기 영아는 소근육이 발달되지 않아 팔 전체를 이용하여 끼적거린다(양연숙 외, 2016).

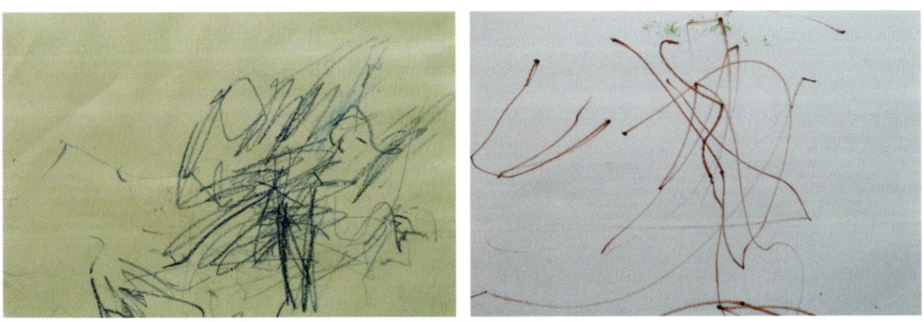

〈무의미한 난화(만 1세)〉

- 조절된 난화(2~3세)

손과 팔의 움직임과 종이 위의 흔적의 관계를 깨닫기 시작하고 계획적으로 끼적거리기를 하는 시기이다. 자신이 원하는 대로 팔을 움직이고 조절하며, 불규칙적인 선에서 차츰 규칙적인 선과 반복되는 선의 난화를 그린다.

〈조절된 난화(만 2세)〉

• 의도된 난화(3~4세)

난화에 상징적인 의미를 부여하는 시기로, 외부세계와 연결하여 이름을 붙인다. 자신의 표현에 이름을 붙이는 것은 인지발달과정에서 매우 중요한 의미를 갖는다. 그러나 사실적으로는 대상을 그린 것이 아니기 때문에 이름과 그림의 연관성이 없는 경우가 대부분이며, 그림의 이름을 자주 바꾸는 특징이 있다. 따라서 유아에게 사물의 구체적 형태에 관해 질문을 하는 것은 오히려 유아의 상상력을 저하시키는 결과를 초래할 수도 있다.

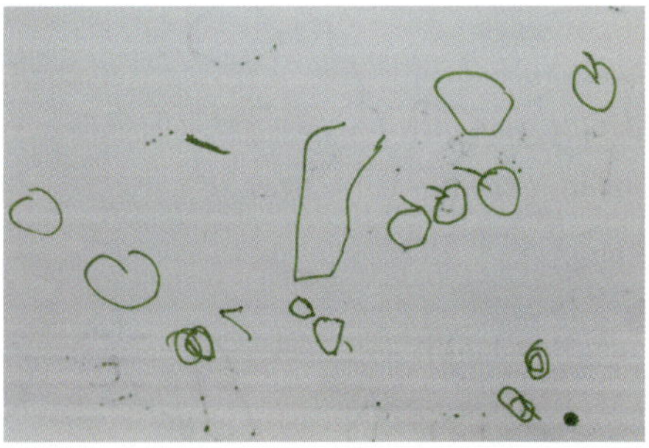

〈의도된 난화(만 3세)〉

② 전도식기(Pre-schematic stage, 4~7세)

도식은 사물이나 주변 환경에 대한 이해를 나타내는 인식의 틀, 특정 개념을 표상하는 일반화된 상징을 의미한다. 전도식기는 무의식적인 표현에서 의식적인 표현과정으로 옮겨가는 시기로, 유아는 최초로 의도적이고 사실적인 표현을 시도하여 주변세계와 관련된 그림을 그린다. 이에 이 시기 유아의 그림은 자신의 경험과 사고가 반영되어 있어 그들을 이해하는 데 중요한 매개체가 된다(양연숙 외, 2016).

이 시기 유아는 대상을 지각한 대로 묘사하며, 사람을 주로 그리고, 색을 구별하기 시작한다. 보통 4세경에는 확실하지는 않지만 형태가 나타나며, 5세경에는 사람, 집, 나무 등의 친숙한 사물을 확실한 형태로 그린다. 6세 이후에는 주세에 따라 다양한 사물을 확실한 형태로 그릴 수 있다(이성환, 2002).

〈전도식기(만 4세)〉

③ 도식기(schematic stage, 7~9세)

도식기는 사물에 대한 개념이 형성되는 시기로, 유아는 일정한 표현도식을 갖는다. 표현도식은 개별적인 것으로, 유아의 성격이나 사물에 대한 개념에 따라 차이가 있다. 유아는 자신의 경험과 정서에 따라 확대, 축소, 생략, 변형을 함으로써 상징의 변화를 주기도 하고, 공간개념의 발달에 따라 기저선과 중첩,

초보적인 의미의 원근을 표현하기도 한다. 또한 유아는 주관적 사고의 발달로 전개도식 표현 및 투시화법과 같은 표현을 하기도 한다.

〈도식기(만 5세)〉

2) 켈로그의 발달단계

켈로그는 영유아의 그림 자체를 주요한 심리적 표현이라고 보고 만 5세까지를 난화 시기, 도형 시기, 디자인 시기, 초기 회화 시기로 구분하여 영유아의 미술표현 발달단계를 설명하였다.

① 난화 시기(2세 전후)

영아의 그림은 무의미한 끼적거림으로 보이지만 이 시기의 그림은 영아의 자발적인 움직임에 의해 만들어진 것으로, 미술활동의 기초이자 출발점이라고 할 수 있다. 켈로그는 영아의 그림에 사용된 낙서들을 분석해 작은 점에서 시작하여 수직, 수평, 사선, 곡선을 거쳐 불완전한 원이 완성되기까지 약 20여 가지의 낙서 형태를 제시했다.

표 2-2 기본적인 난화

난화 1 : 점	난화 2 : 수직단선	난화 3 : 수평단선	난화 4 : 사선단선	난화 5 : 곡선단선

난화 6 : 수직복선	**난화 7 : 수평복선**	**난화 8 : 사선복선**	**난화 9 : 곡선복선**	**난화 10 : 개곡선**

난화 11 : 폐곡선	**난화 12 : 지그재그선**	**난화 13 : 고리선**	**난화 14 : 겹고리선**	**난화 15 : 나선**
	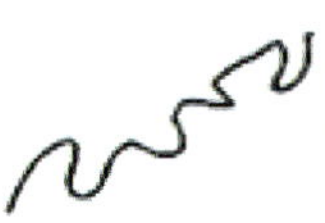			
난화 16 : 중복선	**난화 17 : 동그라미선**	**난화 18 : 펼친 원**	**난화 19 : 교차된 원**	**난화 20 : 불완전한 원**
			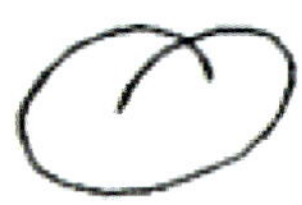	

출처 : Kellogg. R(1969). Analyzing Children's Art

② 도형 시기(2~3세)

조절되고 통제된 끼적거리기가 나타나기 시작하는 시기이다. 켈로그는 영유아의 그림에서 나타나는 십자 · 사각형 · 타원 · 삼각형 · 대각십자 · 마름모꼴 등 6가지를 기본 도형으로 구분하고 있다. 영아의 그림에서 기본 도형은 만 3세경에 나타나기 시작하며, 이후 6가지 기본도형이 연합하여 다양한 형태의 형태로 나타난다. 켈로그는 영유아가 그리는 형태는 2개의 도형이 연합을 이루어 36가지의 형태로, 3개의 도형이 연합을 이루어 66가지의 형태로 연합되고 다양하게 재구성되어 표현된다고 하였다.

표 2-3 도형의 연합

쌍	분리형	중복형	내포형
사각형+사격형			
사각형+원			
사각형+삼각형			
사각형+이상한 형			
사각형+ 그리스 십자형			
사각형+×표			
타원형+타원형			
타원형+삼각형			
타원형+이상한 형			
타원형+ 그리스 십자형			
타원형+×표			

쌍	분리형	중복형	내포형
삼각형+삼각형			
삼각형+이상한 형			
삼각형+ 그리스 십자형			
삼각형+×표			
이상한 형+ 이상한 형			
이상한 형+ 그리스 십자형			
이상한 형+×표			
그리스 십자형+ 그리스 십자형			
그리스 십자형+ ×표			
×표+×표			

표 2-4 대각선과 십자로 형성된 도형의 연합

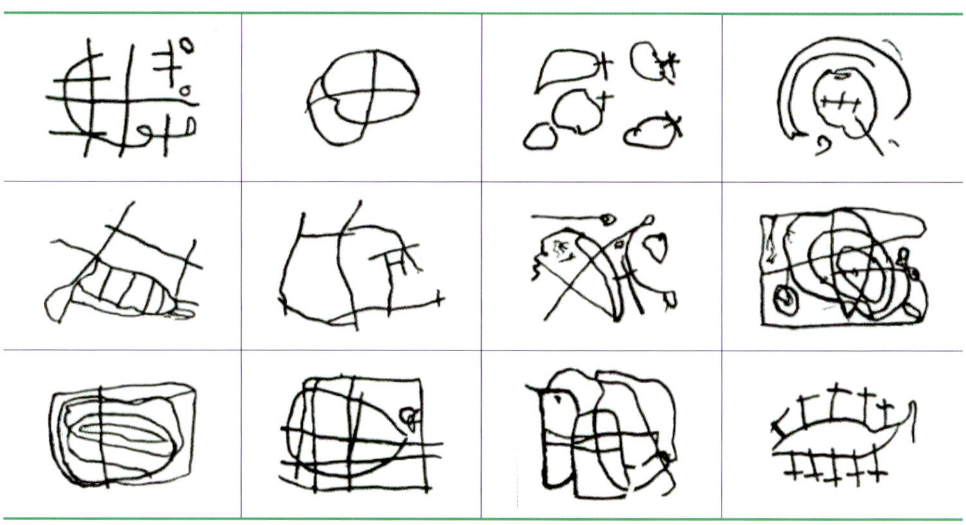

③ 디자인의 단계(3~4세)

점차 정교하고 균형 잡힌 그림이 나타나며, 만다라(Mandala)형 · 태양형 · 방사선형의 특징적인 형태가 나타난다.

- **만다라형** : 만다라란 산스크리트어로 원을 뜻한다. 원 안에 십자 모양을 그린 형태, 원이 여러 개 모인 것, 사각형 안에 원이 포함된 것, 원형에서 선이 밖으로 나오는 형태의 그림을 말한다.
- **태양형** : 원을 중심으로 선이 밖으로 뻗어 있는 형태를 뜻한다. 태양형은 태양 모양의 얼굴과 팔, 다리가 있는 인물의 표현으로 발전한다.
- **방사선형** : 원의 중심을 향해 사선 형태의 선들이 밀집되어 뻗어져 나온 형태를 뜻한다. 방사선형의 특징은 인물을 그릴 때 팔과 다리, 손가락과 발가락을 표현하는 데 영향을 미친다.

〈방사선형 인물〉

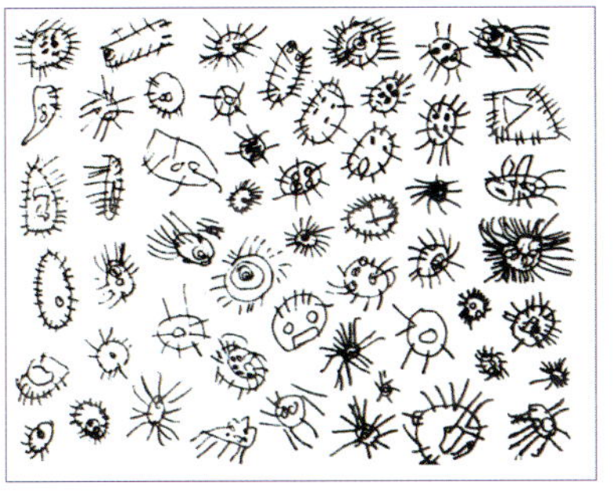

〈태양형 인물〉

출처 : 미술교육연구회(1997)

④ 인물화의 단계(4세)

초기 인물화의 단계는 사람을 관찰해서 그린 것이 아니라 전 단계의 만다라형과 태양형의 그림이 반복된 작업으로 이루어진 결과이다. 초기 인물화는 타원형 도형들의 집합으로 이루어진 결과이지만 연령이 증가할수록 차츰 세부적이고 사실적인 사람을 그리기 시작한다.

⑤ 초기 회화의 단계(4~5세)

사물의 형태를 점차 사실적으로 그리는 단계이다. 이 시기의 유아는 동물, 식물, 건물, 교통기관 등을 자주 그린다. 동물을 그릴 경우, 사람과 유사한 형태의 수직, 수평선 형태로 동물을 그리며, 식물은 사람과 유사한 나무의 형태와 연합, 태양형, 만다라형, 방사선형과 연관성이 있는 꽃을 그린다. 건물을 그릴 경우에는 세모와 네모, 원과 같은 기본 도형의 연합과 집합으로 이루어진 형태로 그리는 경우가 대부분이다.

표 2-5 유아 미술표현의 발달과정

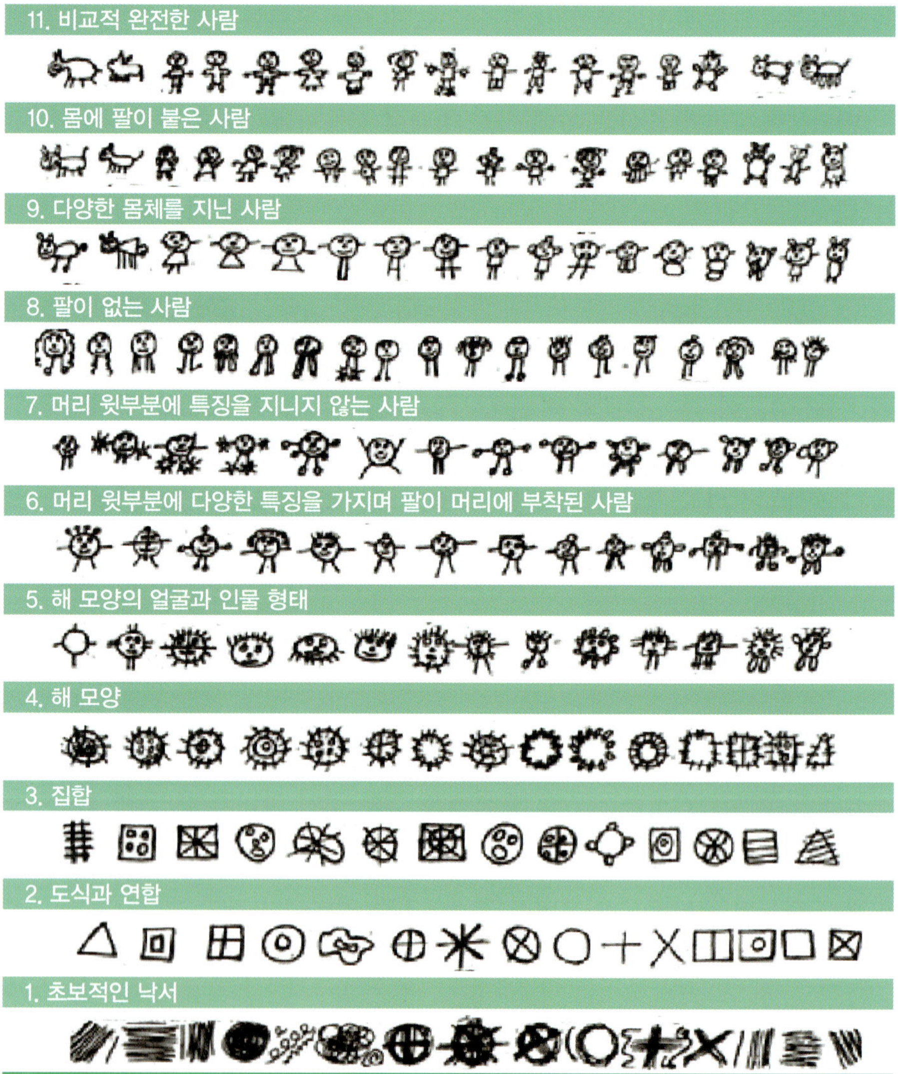

출처 : Kellogg. R(1969). Analyzing Children's Art

3) 영유아 미술표현의 특징

① 회화표현의 특징

- 미분화된 표현

낙서 형태의 그림으로, 불완전한 원이 무수히 반복되면서 완전한 형태의 원으로 발전한다. 분화가 이루어지지 않아 구체적인 사물의 형태가 나타나지 않는다.

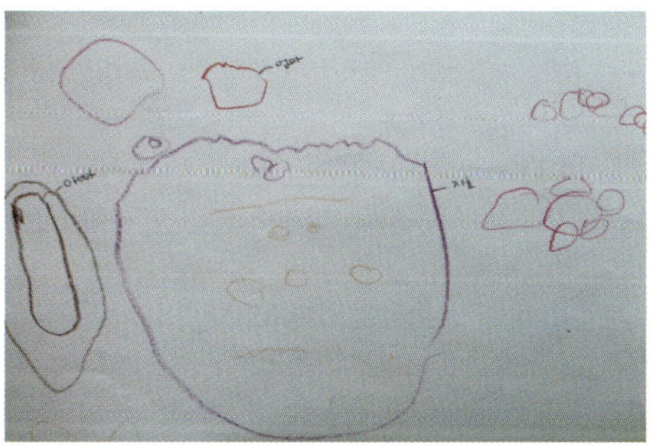

〈미분화된 표현 '아빠와 엄마'(만 2세)〉

- 의인화된 표현(물활론적 표현)

유아는 모든 사물이 사람과 같은 생명을 가지고 있는 것으로 착각을 하고 있다. 이른바 애니미즘(animism)현상이라고 한다. 따라서 이 시기 영유아 그림은 돌이나 나무, 태양과 구름, 꽃과 새 등을 사람의 얼굴로 표현하는 특징이 있다.

〈의인화된 표현 '놀이동산'(만 5세)〉

• **두족인 표현**(올챙이식 표현)

유아는 최초로 인물을 표현할 때 원의 형태인 머리에서 바로 팔과 다리가 나타나는 형태로 사람을 그린다. 즉, 몸통이 없이 머리에서 바로 팔과 다리가 나오는 그림을 두족인이라고 한다.

〈두족인 표현 '친구랑 다람쥐 보러 갔어요'(만 3세)〉

• **과장된 표현**(확대 · 강조 표현)

유아는 정서적으로 자신의 감정을 표현할 때 중요하거나 의미 있는 것을 크게 과장해서 그리고 반대로 중요하게 생각되지 않는 것을 축소하거나 생략하여 표현한다. 이런 표현은 유아의 자기중심적 사고에서 비롯된 것으로, 대상의 원근 · 비례 등은 무시하여 그리는 경우가 대부분이다. 예를 들면, 자신이 존경하는 인물을 그릴 경우와 가족 구성원의 역할을 그릴 경우에도 자신과의 관련에서 중요하게 생각하는 인물은 확대하거나 과장해서 묘사한다.

〈확대강조 표현 '소방대원 아저씨'(만 5세)〉

- X-Ray식 표현(투시적 표현)

유아는 사물을 그릴 때 보이지 않는 내부까지 표현한다. 이러한 표현은 유아가 알고 있는 것을 모두 그리는 것으로, 인지발달과 관련성이 있다. 예를 들면, 집을 그릴 경우 외부의 모습뿐 아니라 내부의 인물과 가구까지 모두 그린다든지, 밥을 먹은 후 소화가 되는 과정을 표현하는 그림을 그리는데, 이러한 표현은 유아가 사실기에 접어들면 자연스럽게 사라지게 된다.

〈투시적 표현 '바다에 엄마랑 놀러 갔어요'(만 4세)〉

- 기저선(base-line)의 표현

도식기의 유아는 하늘과 땅을 구분 짓는 기저선을 긋는다. 기저선의 표현은 사물과 사물의 관계를 인식하기 시작하는 것으로 공간개념의 발달을 의미한다.

〈기저선 표현 '가족의 외출'(만 6세)〉

- **시점이동의 표현**(다시점의 표현)

유아는 그리고자 하는 대상의 비례, 시간, 공간, 방향, 위치 등을 하나의 평면상에 표현한다. 이러한 표현은 3차원의 미분화와 평면과 입체의 구분이 없어서 나타나는 현상이다. 즉, 동서남북의 여러 각도에서 본 모습을 한 화면에 그려 넣음으로써 사물들이 다양한 시점으로 그려져 자유롭게 묘사된 것을 말한다. 고대 이집트 미술의 정면성의 원리와 조선 후기 민화의 까치호랑이 그림들이 동일한 특징을 보이고 있다.

〈시점 이동의 표현 '우리 마을'(만 5세)〉

- **연속성의 표현**

유아는 이야기의 연속성과 시간의 흐름, 즉 과거 · 현재 · 미래를 동시에 한 화면에 표현하는 특징이 있다. 아침 일찍 소풍을 가서 저녁 늦게 돌아온 시간의 흐름을 표현하기 위해 한 화면에 해와 달을 동시에 그리는 것은 연속성 표현의 예이다.

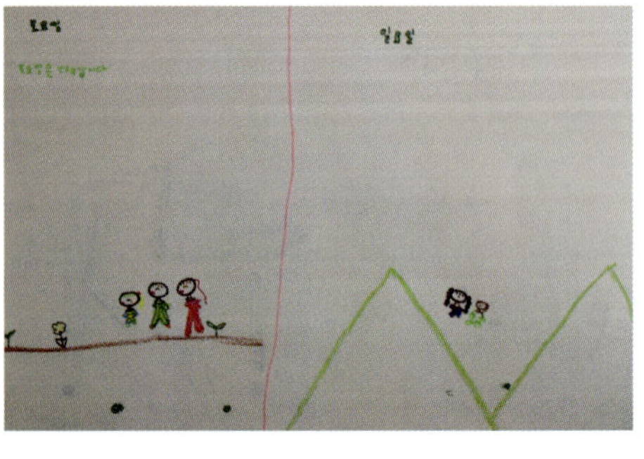

〈연속성의 표현 '주말 지낸 이야기'(만 5세)〉

- 반복적 표현

유아는 같은 그림을 반복해서 그림으로써 정서적인 안정과 만족감을 얻기도 한다. 산이나 사람, 꽃과 과일 등 관심이 있는 대상을 반복해서 그리는 것은 반복적 표현의 예이다.

〈반복적 표현 '버스정류장'(만 4세)〉

- 나열식 표현

공간, 원근, 비례 등을 무시하고 사물을 하나씩 카탈로그(catalogue)의 상품처럼 나열하는 그림을 말한다. 전도식기의 유아는 자신의 생각과 느낌을 주관적으로 표현한다. 따라서 사물의 유기적인 연관성을 표현하기보다는 생각나는 순서대로 나열해서 그리는 특징이 있다.

〈나열식 표현 '우리 가족'(만 4세)〉

• 전개도식 표현

유아는 3차원의 공간개념 미발달로 자신이 편리한 대로 전개도처럼 그림을 그린다. 종이를 돌려가며 산에 올라가는 모습, 가족들이 둘러앉아 식사하는 모습, 강강술래를 하는 모습 등을 그려서 마치 누워 있는 것과 같이 그린다.

〈전개도식 표현 '테마파크에서 쿠키를 만들었어요'(만 5세)〉

② 주제 표현의 특징

그림의 주제는 영유아의 지적 호기심과 신체적 발달단계에 따라 다양하게 분화되므로, 연령에 따라 표현되는 내용을 살펴보는 것은 영유아를 이해할 수 있는 중요한 자료이다.

영유아의 그림에서 가장 많이 나타나는 사람, 집 등은 점차 감소하며, 동물과 식물은 꾸준히 표현된다. 각종 운송수단, 기계 등은 사물에 대한 관심이 높아짐에 따라 점차 증가하는 경향을 보인다.

▶ 연령별 주제 선호도

• 3~4세 : 인물을 위주로 한 그림을 주로 그린다. 생물에 대해 이해하기 시작하는 4세 무렵에는 새와 곤충 등이 주제로 등장하기 시작한다.

• 5~6세 : 생활과 관련된 그림을 주로 그린다. 특히 운송수단에 대한 관심은 절정을 보이다가 점차 둔화된다. 이 시기의 주제 선호도는 집, 인물, 꽃, 자동차 등의 순서로 나타난다.

- 7~8세 : 느낀 것이나 풍경 등을 주로 그린다. 이 시기는 회화적이고 사실적인 접근단계로 변화하는 시기이다.

- 9~10세 : 점차 사실적인 그림을 그린다.

그림의 주제는 성별에 따라 차이를 보인다. 여아는 놀이터, 꽃, 나무 그림을 선호하며, 남아는 공룡, 괴물, 우주, 로켓, 운송수단 등의 그림을 선호한다. 또한 남아는 생활과 관련된 주제에서 상상과 연결되는 그림을 그리는 경향을 보인다. 반면 비교적 성별에 관계없이 보편적으로 나타나는 주제는 사람과 집이다.

◀ 성별 주제 선호도

표 2-6 주제의 빈도

연령	주제의 빈도
3세	• 주로 1가지 주제만을 그린다. • 그릴 수 있는 형태가 제한되어 있고 그림에 집중할 수 있는 시간이 짧다.
4~5세	• 2~3가지의 주제를 그린다. • 생동감이 있고 풍부한 그림을 그릴 수 있다.
6~8세	• 3가지 이상의 주제를 그린다. • 표현능력이 절정에 이른다.
9세	• 지각적 사실주의에서 시각적 사실주의로 변화하는 시기이다. • 사실적인 묘사에 흥미를 갖게 되고 그리는 시간이 오래 걸려 주제의 수는 감소한다.

〈잠수함(만 3세 남아)〉

〈식물원(만 5세 여아)〉

③ 색채표현의 특징

영유아의 그림에서 색채는 심리적인 감정과 정서의 표출이라고 할 수 있다. 색채에는 영유아의 언어, 생활 표현, 자아상, 욕구, 태도, 성격 등이 반영되며 무의식의 세계도 투사되기 때문이다.

성별에 따른 색채 감각을 살펴보면, 6세 이전까지는 대체로 비슷하나 성장하면서 점차 성별 차이가 드러난다. 사용하는 색채 수는 연령이 증가함에 따라 증가한다. 4세 이전까지는 3색, 5세는 4~5색, 6~7세는 10색 정도로 점차 다양한 색채를 즐긴다.

표 2-7 색채개념의 발달과 투사적 기능

연령	색채개념 발달
2세 이전	• 색채에 대한 지각반응이 나타난다. • 만 2세경 좋아하는 색에 대한 반응이 나타난다.
2~3세	• 정서와 관련 있는 색채를 제한적으로 사용한다. • 한두 가지 색채만을 주로 사용한다.
4~5세	• 물체의 색과 관계없이 유아가 선호하는 색채로 채색한다.
6~7세	• 채색하는 것을 즐긴다. • 대상 물체의 색과 동일한 색으로 채색하려고 노력한다.
7세 이후	• 사람, 나무, 태양, 하늘 등 정서와 밀접한 관련 있는 부분만 채색한다.

색채는 영유아의 감정과 밀접한 관련이 있다. 따뜻한 색을 주로 사용하는 유아는 원만하고 누구에게나 잘 따르는 경향이 있으며, 차가운 색을 주로 사용하는 유아는 비판적이고 공격적이며 독립적으로 행동하는 경향을 보인다. 그러나 색채 표현은 영유아 개인마다 다를 뿐 아니라 개인이 처한 사회·문화적 환경에 따라 다르다. 따라서 특정 색을 특정 감정과 연결시켜서 정서적 혹은 신체적으로 부정적인 단정을 하는 것은 바람직하지 않다.

대부분의 영유아는 색채의 강력한 작용에 끌리게 된다. 그러나 점차 형태에 의지하는 경향이 커져 색채보다는 형태에 기초하여 사물을 판별하게 된다(한경애·이영미, 2016).

표 2-8 로웬펠드의 색채개념 발달

연령	색채개념의 발달
2~4세	• 색의 개념이 분명하지 않다. • 대상의 색채보다는 그리고자 하는 충동 자체에 이끌려 끼적거린다. • 색채보다는 한두 개의 색으로 처리한다. • 색채보다는 형태에 대한 관심이 더 크다.
4~7세	• 색채보다는 대상의 묘사에 충실하고자 노력한다. • 선호하는 색채가 자주 변한다. • 사용하는 색채는 유아의 심리가 반영된다.
7~9세	• 표현 대상의 색과 사용하는 색채가 연관성을 보이나 똑같지 않은 경우도 있다.
9~11세	• 고정적인 색의 개념에서 벗어나 자유로운 형태로 변모해간다.

출처 : 이정환(2000)

3. 영유아 감상능력의 발달

현재 영유아 미술교육은 과거 표현에만 치중했던 것과는 달리 감상의 중요성이 대두되고 있다. 미술감상은 자연이나 조형물의 미적 가치를 이해하는 지적인 활동이며, 예술 작품이 지니고 있는 미적 가치를 적극적으로 인식하는 심리적 · 정신적 활동이다. 즉, 미술감상은 자연이나 조형물의 가치를 느끼고 평가하는 종합적 활동이다(홍창희 1996).

감상능력은 세상을 미적으로 바라볼 수 있는 능력을 말한다. 감상능력은 저절로 발달하는 것이 아니라 학습에 의해 발달한다. 미술감상능력은 표현능력과 같이 일정한 과정을 거친다. 감상능력의 발달은 일반적으로 연령에 따라 준비기, 태동기, 성숙기, 황금기로 구분할 수 있는데, 로친스(Rochins)와 가드너(Gardener)는 감상능력의 발달과정과 특징을 다음과 같이 설명하였다(이규선 외, 1994).

1) 로친스의 감상능력 발달단계

- **제1기**(4~5세) : 표현능력이 낮아 그리는 것보다 보는 것에 흥미를 갖는 시기. 이 시기는 다양한 그림책을 제시하여 기초적인 감상능력을 기른다.
- **제2기**(6~10세) : 영유아의 풍부한 상상력에 의해 자유분방하게 그리는 시기. 이 시기는 그림을 보는 것보다 자기표현에 흥미를 갖는 시기로 예술적 감상기라고 한다.
- **제3기**(11~15세) : 묘사력이 침체하고 자기 표현능력을 자각하며 평가능력이 발달하기 때문에 효과적으로 감상교육을 할 수 있는 적기이다.
- **제4기**(16세 이후) : 정신능력과 미적 능력의 발달로 작품을 비평적으로 감상할 수 있는 최적의 시기이다.

2) 가드너의 감상능력 발달단계

- **지각의 단계**(0~2세) : 사물을 직접 지각하는 단계로 사물의 공간적 형태만 구별하는 시기이다.
- **상징인식의 단계**(2~7세) : 현존하는 사물과 기호, 상징화된 사물과의 관계를

인식하는 단계로 대상을 개념적으로 감상하는 시기이다. 또한 영유아의 발달 특성에 의해 사물을 감정적, 심리적 충동에 따라 인식하는 경향이 크다.

- **사실적 단계**(7~9세) : 미적 대상을 받아들이고 표현하는 과정에서 사실적인 측면만을 중시하는 단계로서 사실적이지 않은 표현은 선호하지 않는다. 따라서 교사는 사실적이고 고정된 표현에 고착되지 않도록 지도해야 한다.

- **탈사실적 단계**(9~13세) : 감수성이 예민해지며 다양한 미적 특성에 관심을 갖는 단계로 각 작품의 특수성을 지각하게 된다. 한편, 작품의 주제에 대한 관심이 재료와 기법에 대한 관심으로 변하며, 각 작품의 다른 표현을 지각함에 따라 다른 사람의 개성과 특성을 이해한다.

- **예술적 위기단계**(청소년기) : 미술에 대한 관심이 저하되면서 다른 활동으로 분산된다. 감성적 특성이 뛰어난 촉각형의 청소년은 개성적인 예술에 몰입하게 된다.

문제

1. 다음의 괄호에 알맞은 말을 골라 넣으시오.

보기) 엑스레이(X-Ray), 물활론적 사고, 도식기, 전도식기, 만다라형

① (　　　　)는/은 인물이나 사물의 표현에서 비로소 공간개념이 싹트기 시작하여 땅과 하늘 등의 경계를 구분하는 등의 구도적 표현을 하는 시기이다.

② 내부가 들여다보이는 것처럼 그린 그림을 (　　　　)화법이라고 한다.

③ 만 3~4세 유아의 그림에서 볼 수 있는 (　　　　)의 그림은 동그란 원형에서 몇 개의 선이 밖으로 나오는 형태의 그림이다.

2. 다음 문장이 옳으면 O, 틀리면 X표 하시오.

① 난화기는 최초의 그림이 시작되는 시기로 미술교육의 구조로 볼 때 중요한 의미가 있으며 연령은 2~4세에 해당된다. (　　)

② 도식기 이후 유아가 그림을 상당히 세밀한 부분까지 묘사할 수 있는 이유는 시각적인 발달과 근육기능의 발달이 조화를 이루기 때문이다. (　　)

③ 영유아의 그림에서 주관적 사고의 표현으로 원근 · 비례 · 균형 · 평면과 공간관계가 균형 있게 잘 표현되고 있다. (　　)

제3장

영유아 미술교육과 교육과정

활동 목표

1. 국가수준 교육과정에서 제시하고 있는 유아 미술교육의 목표와 내용을 설명할 수 있다.

2. 국가수준 교육과정에서 제시하고 있는 유아 미술교육의 목표와 내용을 교수계획에 반영할 수 있다.

제3장

영유아 미술교육과 교육과정

교육과정은 무엇을 어떻게 가르칠 것인가를 반영한 시대적 교육의 이상을 담는 그릇을 의미한다(김영옥, 2019). 이에 국가수준 교육과정은 사회 변화에 따른 교육적 요구, 학교 현장의 요구, 현행 교육과정의 문제점 개선 등을 위해 주기적으로 또는 수시로 개정이 되어왔다(이정욱, 2019).

국가수준 교육과정은 1969년(제1차) 유치원 교육과정을 시작으로 주기적으로 개정되었다. 유아교육과 보육의 이원화 체제라는 현실적 한계에서 생애 초기 평등한 출발점을 확보하고자 2011년 「만 5세 누리과정」, 2012년 「3~5세 연령별 누리과정」의 적용을 시작으로, 유치원에서는 「2019 개정 누리과정」, 어린이집에서는 「제4차 어린이집 표준보육과정」이 고시되어 2020년부터 시행되고 있다.

유치원과 어린이집의 교육과정 편성 · 운영의 기준이 되는 국가수준 교육과정은 교사가 유치원과 어린이집의 교육활동을 계획, 운영하는데 가장 기본이 된다. 이에 국가수준 교육과정 안에서의 영역별 내용, 내용 범주, 교육내용 등을 살펴볼 필요가 있다.

표 3-1 국가수준 교육과정 고시 연혁

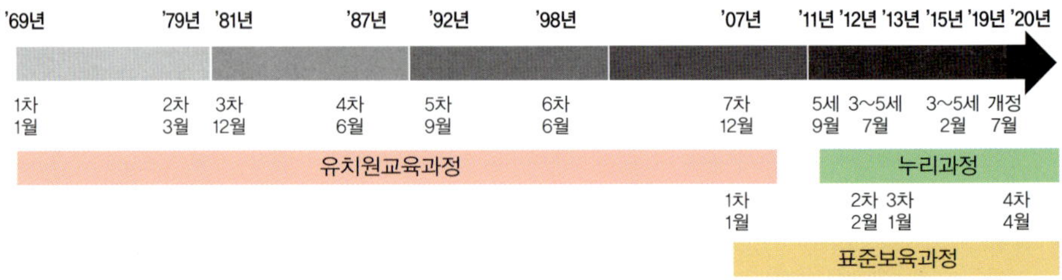

출처 : 2019 개정누리과정 연수 자료(2019) 참고

1. 표준보육과정과 영아 미술교육

1) 배경

어린이집에서 운영하는 보육과정은 국가수준의 보육목표와 영유아 발달과 개인차를 고려하여 이들이 경험하게 될 보편적인 보육내용을 제시하고 있다. 우리나라는 1991년 영유아보육법이 제정되어 보육의 법적 토대를 구축하였으며, 2004년 개정된 영유아보육법 제29조에 의거하여 표준보육과정 개발 및 보급을 위한 근거를 마련하였다.

2006년 여성가족부는 영유아보육법 시행규칙 제30조 관련 표준보육과정령을 개정하고, 2007년 1월 3일 최초의 「표준보육과정의 구체적 내용」을 고시하여 2007년부터 2세 미만 보육과정, 2세 보육과정, 3~5세 보육과정이 보육현장에 적용되었다. 그 후 급변하는 사회와 보육 여건의 변화로 인하여 2010년 '표준보육과정 개정안 연구'가 시작되었다. 그러나 2011년 5월 어린이집과 유치원의 '공통과정' 제정이 발표됨에 따라 2012년 2월 5세 유아를 위한 보육과정을 제외한 0~4세 영유아를 위한 「제2차 표준보육과정」 고시되었다. 「만 5세 누리과정」 제정에 이어 2012년 「3~5세 연령별 누리과정」 개발되어 2013년 3월부터 3~5세 연령별 누리과정을 포함한 「제3차 어린이집 표준보육과정」이 시행되었다.

한편, 2017년 보건복지부는 제3차 중장기 보육기본계획(2018~2022)에서 '영유아의 행복한 성장을 위해 함께 하는 사회'라는 비전을 설정하였으며, 영아의 놀 권리 및 균형적 발달을 고려한 개정이 추진되었다. 이후 2019년 7월, 어린이집에 다니는 0~5세 중 3~5세를 위한 보육과정인 「2019 개정 누리과정」이 고시됨에 따라 「제3차 표준보육과정」의 보육현장 적용 결과 및 「2019 개정 누리과정」의 요구를 반영하여 2020년 4월 9일 「제4차 어린이집 표준보육과정」 고시되었다(보건복지부, 2020).

2) 성격

「제4차 어린이집 표준보육과정」의 성격은 「2015 개정 초중등학교 교육과정」의 성격, 구성체계와 연계하고 있으며, 영유아기의 고유한 특성을 반영하여 '영유아 중심 및 놀이 중심'을 강조하고 있다. 0~5세 영유아를 위한 국가수준의 보육과정인 「제4차 어린이집 표준보육과정」(이하, '표준보육과정'이라 함)은 「0~1세 보육과정」, 「2세 보육과정」, 「3~5세 보육과정(누리과정)」으로 구성되어 있다(보건복지부, 2020).

표 3-2 표준보육과정의 성격

어린이집 표준보육과정 0~5세 영유아를 위한 국가수준의 보육과정이다.
가. 국가 수준의 공통성과 지역, 기관 및 개인 수준의 다양성을 동시에 추구한다.
나. 영유아의 전인적 발달과 행복을 추구한다.
다. 영유아 중심과 놀이 중심을 추구한다.
라. 영유아의 자율성과 창의성 신장을 추구한다.
마. 영유아, 교사, 원장(감), 학부모 및 지역사회가 함께 실현해가는 것을 추구한다.

출처 : 제4차 어린이집 표준보육과정 해설서(2020)

3) 구성

표준보육과정이 추구하는 인간상은 「2019 개정 누리과정」에서 제시한 인간상으로, 영유아가 일상에서 놀이하며 배우는 현재의 모습에서 발견할 수 있으며 동시에 영유아가 앞으로 배우며 성장해 가야 할 모습이기도 하다.

표준보육과정의 목적은 영유아가 놀이를 통해 심신의 건강과 조화로운 발달을 이루고, 바른 인성과 민주시민의 기초를 형성하는데 있다. 표준보육과정의 목적 아래 제시된 목표는 영유아가 추구하는 인간상으로 성장하기 위해 필요한 사항을 중심으로 구성하였으며, 표준보육과정이 추구하는 인간상, 목적, 목표는 체계적으로 연계되어 있다.

표준보육과정의 영역과 내용범주들은 영유아의 통합적인 경험을 위하여 서로 연계가 이루어져 있다. 구체적으로 살펴보면, 「0~1세 보육과정」과 「2세 보육과정」은 6개 영역(기본생활, 신체운동, 의사소통, 사회관계, 예술경험, 자연탐구), 14개의 내용범주로 구성되어 있으며, 「3~5세 보육과정(누리과정)」은 5개 영역(신체운동 · 건강, 의사소통, 사회관계, 예술경험, 자연탐구), 15개의 내용범주로 구성되어 있다.

표 3-3 표준보육과정의 추구하는 인간상과 목표 및 영역의 관계 이해

구분	연령					
추구하는 인간상	0~5세	건강한 사람	자주적인 사람	창의적인 사람	감성이 풍부한 사람	더불어 사는 사람
목적	영유아가 놀이를 통해 심신의 건강과 조화로운 발달을 이루고, 바른 인성과 민주시민의 기초를 형성한다.					
목표	0~2세	자신의 소중함을 알고 건강하고 안전한 환경에서 즐겁게 생활한다.	자신의 일을 스스로 하고자 한다.	호기심을 가지고 탐색하며 상상력을 기른다.	일상에서 아름다움에 관심을 가지고 감성을 기른다.	사람과 자연을 존중하고 소통하는데 관심을 가진다.
	3~5세	자신의 소중함을 알고 건강하고 안전한 생활습관을 기른다.	자신의 일을 스스로 해결하는 기초능력을 기른다.	호기심과 탐구심을 가지고 상상력과 창의력을 기른다.	일상에서 아름다움을 느끼고 문화적 감수성을 기른다.	사람과 자연을 존중하고 배려하며 소통하는 태도를 기른다.
영역	0~2세	기본생활 / 신체운동	의사소통	사회관계	예술경험	자연탐구
	3~5세	신체운동 · 건강				

출처 : 경기도 이천시 육아종합지원센터 「제4차 어린이집 표준보육과정」 자료 참고

4) 표준보육과정에서 예술경험영역의 목표와 내용

표준보육과정의 「0~1세 보육과정」과 「2세 보육과정」은 6개 영역(기본생활, 신체운동, 의사소통, 사회관계, 예술경험, 자연탐구)과 「3~5세 보육과정(누리과정)」의 5개 영역(신체운동 · 건강, 의사소통, 사회관계, 예술경험, 자연탐구) 중 미술교육 내용은 '예술경험' 에 포함되었다. 「0~1세 보육과정」과 「2세 보육과정」에서 제시한 예술경험영역의 목표, 내용을 구체적으로 살펴보면 다음과 같다.

(1) 0~1세 보육과정에서 예술경험영역의 목표와 내용

0~1세 영아는 자신의 신체와 주변의 감각 자극에 호기심을 가지고 반응하고 다양한 방법으로 표현하기를 즐긴다. 이에 0~1세 보육과정에서 예술경험영역은 영아가 익숙한 일상환경에서 호기심을 가지고 주의 깊게 바라보며 경험하고, 자신의 경험을 자유롭게 표현하기 위한 영역이다.

▶ 0~1세 보육과정에서 예술경험영역의 목표

0~1세 보육과정 해설서에 나타난 예술경험영역의 목표는 0~1세 영아가 자연과 생활에서 아름다움을 느끼고 경험하며 표현하는 과정을 즐기는 것으로, 첫째, 자연과 생활에서 아름다움에 관심을 가지며, 둘째, 예술적 경험을 표현하는 것이다(보건복지부, 2020). 예술경험영역의 두 가지 목표는 서로 연관되고 통합적으로 이루어질 때, 영아에게 보다 의미 있는 경험이 된다.

▶ 0~1세 보육과정에서 예술경험영역의 내용

표 3-4 「0~1세 보육과정」 예술경험영역의 내용체계

예술경험영역

아름다움을 느끼고 경험한다.
1) 자연과 생활에서 아름다움에 관심을 가진다.
2) 예술적 경험을 표현한다.

아름다움 찾아보기

- 자연과 생활에서 아름다움을 느낀다.
- 아름다움에 관심을 가진다.

창의적으로 표현하기

- 소리와 리듬, 노래로 표현한다.
- 감각을 통해 미술을 경험한다.
- 모방 행동을 즐긴다.

(2) 2세 보육과정에서 예술경험영역의 목표와 내용

2세 영아는 자연과 생활 속에서 경험하는 다양한 감각 자극을 통해 아름다움을 느끼고, 아름다움을 인식하며, 아름다움에 점차 관심을 가지고 찾아보며 표현하기를 즐긴다. 이에 2세 보육과정에서 예술경험영역은 영아가 익숙한 일상에서 접하는 대상과 공간에 주의를 기울여 아름다움을 느끼고, 다양한 예술을 저마다의 방법으로 자유롭게 표현하고 즐기기 위한 영역이다.

▶ 2세 보육과정에서 예술경험영역의 목표

2세 보육과정 해설서에 나타난 예술경험영역의 목표는 영아가 일상생활에서 아름다움을 느끼고 즐기는 것으로 첫째, 자연과 생활에서 아름다움을 느끼고 관심을 가지며, 둘째, 예술을 통해 자유롭게 표현하는 것이다(보건복지부, 2020). 즉, 영아가 주변 환경에 대하여 관심을 갖고 적극적으로 주변 환경에서 좋아하는 것을 찾아보는 경험을 바탕으로, 자신의 의사나 감정, 생각 등을 노래와 리듬, 움직임과 춤, 미술활동, 상상놀이 등으로 자유롭게 표현하는데 중점을 둔다.

표 3-5 「2세 보육과정」 예술경험영역의 내용체계

▶ 2세 보육과정에서 예술경험영역의 내용

예술경험영역

아름다움을 느끼고 즐긴다.
1) 자연과 생활에서 아름다움을 느끼고 관심을 가진다.
2) 예술을 통해 자유롭게 표현한다.

아름다움 찾아보기

- 자연과 생활에서 아름다움을 느끼고 즐긴다.
- 아름다움에 관심을 갖고 찾아본다.

창의적으로 표현하기

- 익숙한 노래와 리듬을 표현한다.
- 움직임과 춤으로 자유롭게 표현한다.
- 미술 재료와 도구로 표현해 본다.
- 일상생활 경험을 상상놀이로 표현한다.

5) 표준보육과정 예술경험영역에 포함된 미술교육에 대한 이해

0~1세 보육과정과 2세 보육과정에서 예술경험영역의 미술교육 관련 내용은 제4차 어린이집 표준보육과정 총론과 해설서에 제시되어 있다. 예술경험영역은 출생 후부터 영아가 주변 환경 및 생활 속에서 다양한 예술적 요소들을 흥미롭게 경험하고 즐기도록 돕기 위한 영역으로, 0~1세 보육과정과 2세 보육과정에서 예술경험영역의 목표와 내용범주, 내용을 연결하여 이해할 필요가 있다.

표 3-6 0~1세 보육과정과 2세 보육과정 예술경험영역의 목표 비교표

	0~1세 보육과정	2세 보육과정
목표	아름다움을 느끼고 **경험한다.**	아름다움을 느끼고 **즐긴다.**
	1) 자연과 생활에서 아름다움에 <u>관심을 가진다.</u> 2) 예술적 경험을 표현한다.	1) 자연과 생활에서 아름다움을 <u>느끼고 관심을 가진다.</u> 2) 예술을 통해 자유롭게 표현한다.

〈표 3-6〉과 같이 0~1세 보육과정과 2세 보육과정의 목표를 연계하여 살펴보면, 0~1세 보육과정의 예술경험영역 목표는 '아름다움을 느끼고 경험한다'로, 0~1세 영아가 자연과 생활 속에서 호기심을 가지고 반응하며 기초적인 심미감을 경험하고, 다양한 방법으로 표현하는 경험을 하는 데 중점을 둔다.

2세 보육과정의 예술경험영역 목표는 '아름다움을 느끼고 즐긴다'로, 기초적인 심미감을 경험하고, 다양한 표현 경험을 한 2세 영아가 자연과 생활 속에서 자연물, 사물 및 주변 환경에 대해 단순한 관심을 벗어나 호기심을 갖고 바라보며 만져보고 조작하면서 아름다움을 즐기고, 자유롭게 자신의 느낌과 생각을 표현함으로 감성 발달의 기초를 마련하도록 한다.

표 3-7 0~1세 보육과정과 2세 보육과정 예술경험영역의 내용 비교표

내용범주	내용	내용
아름다움 찾아보기	• 자연과 생활에서 아름다움을 느낀다. • 아름다움에 관심을 가진다.	• 자연과 생활에서 아름다움을 느끼고 즐긴다. • 아름다움에 관심을 갖고 찾아본다.
창의적으로 표현하기	• 소리와 리듬, 노래로 표현한다. • 감각을 통해 미술을 경험한다. • 모방행동을 즐긴다.	• 익숙한 노래와 리듬을 표현한다. • 움직임과 춤으로 자유롭게 표현한다. • 미술재료와 도구로 표현해 본다. • 일상생활 경험을 상상놀이로 표현한다.

〈표 3-7〉과 같이 0~1세 보육과정과 2세 보육과정의 내용범주 및 내용을 연계하여 살펴보면, 0~1세 보육과정 예술경험영역의 '아름다움 찾아보기'는 0~1세 영아가 자신을 둘러싼 일상적인 환경에서 소리나 움직임, 색과 모양 등에 호기심을 기울이며 미적이고 감성적인 경험을 통해 아름다움을 인식하는 과정으로 발전시켜 나가는 내용이다. '창의적으로 표현하기'는 0~1세 영아가 일상생활에서 자연이나 사물의 아름다움을 감상하고 즐길 수 있는 내용을 다룬다. 또한 반복적으로 경험하는 친근한 사람의 목소리, 주변의 소리와 리듬 있는 소리, 그리고 익숙한 노래 등에 관심을 가지고 아름다움의 요소를 경험하는 가운데 이를 즐기는 내용을 다룬다(보건복지부, 2020).

영아는 태어나면서부터 아름다움에 관심을 가지고 탐색하고자 하며, 자신의 느낌과 생각을 표현하고 싶은 요구를 가진다. 이에 0~1세 영아는 자신을 둘러싼 일상적인 환경에서 아름다운 요소를 발견하고 좋아하는 태도를 형성할 수 있도록 도우며, 자신의 경험을 소리와 움직임으로 표현하고, 감각을 통한 미술을 경험하며, 익숙한 행동을 모방하는 경험을 반복하며 즐긴다. 그러므로 교사는 0~1세 영아가 일상생활에서 호기심을 갖고 주의 깊게 바라보며 아름다움의 요소를 경험할 수 있도록 지원해야 한다. 또한 영아의 표현에 민감하게 반응하고, 격려하여 창의적인 표현이 시작될 수 있도록 허용적인 분위기를 조성해야 한다.

2세 보육과정 예술경험영역의 '아름다움 찾아보기'는 2세 영아가 일상에서 접하는 사물과 공간, 동식물과 사람, 자신과 또래의 표현 등에서 아름다움을 느끼고 즐기며, 아름다움에 관심을 가지고 찾아보는 내용이다. '창의적으로 표현하기'는 2세 영아가 노래와 리듬, 움직임과 춤, 미술표현, 상상놀이 등의 다양한 방법으로 느낌과 생각을 자유롭게 표현하는 내용을 다룬다(보건복지부, 2020).

2세 영아는 다양한 감각을 통해 점차 아름다움에 관심을 가지고 찾아보며, 자신의 느낌과 생각을 노래나 리듬을 흥얼거리고, 움직임과 춤으로 나타내며, 스스로 다룰 수 있는 재료와 도구로 미술을 즐기며 일상에서 체험한 것을 상상놀이로 표현하며 즐긴다. 따라서 교사는 2세 영아가 일상에서 아름다움을 느낄 수 있도록 충분한 시간과 여유로운 공간을 제공하며, 개별 영아의 느낌과 생각, 표현을 존중하여 자유롭고 편안하게 저마다의 방법으로 표현할 수 있는 분위기를 조성해야 한다.

2. 개정누리과정과 유아 미술교육

1) 배경

유치원 교육과정은 1969년 최초로 국가수준 교육과정으로 제정, 공포된 이후 여러 차례의 개정을 거쳐 「2007 개정 유치원 교육과정」으로 이어졌다. 그러나 2011년 5월, 유아교육 · 보육에 대한 국가의 책임을 강화하기 위하여 「만 5세 누리과정」을 '공통과정'으로 제정하여 고시하였다. 2012년 7월, 누리과정 적용 대상을 5세에서 3~4세 유아까지 확대하여 유치원과 어린이집에 다니는 3~5세 유아를 위한 교육과 보육을 통합한 '공통과정'인 「3~5세 연령별 누리과정」이 고시되어 2013년 3월부터 시행되었다.

한편, 2017년 12월 교육부는 국정과제 구현과 출발선 평등 실현을 위하여 '유아교육 혁신방안'의 주요내용으로 '유아가 중심이 되는 놀이 위주의 교육과정 개편'을 명시하였다. 이에 유아 · 놀이 중심 교육과정 개편 방향을 반영하여 2019년 7월, 「2019 개정 누리과정」이 고시되었다. 「2019 개정 누리과정」은 유치원과 어린이집에 다니는 3~5세 유아에게 공통으로 적용되는 교육과정으로 2020년 3월부터 시행되고 있다(교육부, 보건복지부, 2019).

2) 성격

「2019 개정 누리과정」의 성격은 「2015 개정 초 · 중등학교 교육과정」의 성격, 구성체계와 연계하고, 유아기의 고유한 특징을 반영하여 '유아 중심 및 놀이 중심'을 강조하고 있다. 「2019 개정 누리과정」(이하, '누리과정' 이라 함)은 '3~5세 유아를 위한 국가수준의 공통 교육과정'으로, '공통'이란 유치원과 어린이집 모두를 지칭한다. 국가수준 공통 교육과정으로서 누리과정은 3~5세 유아가 다니는 유치원과 어린이집에서 교육 활동을 운영할 때 고려해야 할 공통적이고 일반적인 기준이 된다(교육부, 보건복지부, 2019).

표 3-8 누리과정의 성격

누리과정은 3~5세 유아를 위한 국가수준의 공통 교육과정이다.
가. 국가 수준의 공통성과 지역, 기관 및 개인 수준의 다양성을 동시에 추구한다.
나. 유아의 전인적 발달과 행복을 추구한다.
다. 유아 중심과 놀이 중심을 추구한다.
라. 유아의 자율성과 창의성 신장을 추구한다.
마. 유아, 교사, 원장(감), 학부모 및 지역사회가 함께 실현해가는 것을 추구한다.

출처 : 2019 개정 누리과정 해설서(2019)

3) 구성

누리과정은 국가수준 교육과정으로서 추구해야 할 교육적 비전으로 추구하는 인간상을 제시하였다. 추구하는 인간상은 유아가 일상에서 놀이하며 배우는 현재의 모습에서 발견할 수 있으며 동시에 유아가 앞으로 배우고 성장해 가야 할 모습으로, 교사는 유아가 놀이를 통해 인간상을 통합적으로 경험하도록 지원해야 한다.

누리과정의 목적은 유아가 놀이를 통해 심신의 건강과 조화로운 발달을 이루고 바른 인성과 민주시민의 기초를 형성하는 데에 있다. 누리과정의 목적 아래 제시된 목표는 유아가 추구하는 인간상으로 성장하기 위해 필요한 사항으로 연계되어 있다. ▶ 누리과정의 목적

누리과정은 유아가 현재 경험하는 내용이 중요함을 강조하고 있으며, 누리과정의 영역은 기존 누리과정이 제시한 신체운동 · 건강, 의사소통, 사회관계, 예술경험, 자연탐구 등의 5개 영역의 명칭을 그대로 유지하였다. 각 영역은 유아가 누리과정을 통하여 자연스럽게 경험하거나 경험해야 하는 교육내용으로 5개 영역(신체운동 · 건강, 의사소통, 사회관계, 예술경험, 자연탐구), 59개의 내용범주로 구성되어 있다. ▶ 누리과정의 영역

표 3-9 누리과정의 추구하는 인간상과 목표 및 영역의 관계 이해

구분	연령					
추구하는 인간상	3~5세	건강한 사람	자주적인 사람	창의적인 사람	감성이 풍부한 사람	더불어 사는 사람
목적	유아가 놀이를 통해 심신의 건강과 조화로운 발달을 이루고, 바른 인성과 민주시민의 기초를 형성한다.					
목표	3~5세	자신의 소중함을 알고 건강하고 안전한 생활습관을 기른다.	자신의 일을 스스로 해결하는 기초능력을 기른다.	호기심과 탐구심을 가지고 상상력과 창의력을 기른다.	일상에서 아름다움을 느끼고 문화적 감수성을 기른다.	사람과 자연을 존중하고 배려하며 소통하는 태도를 기른다.
영역	3~5세	신체운동 · 건강	의사소통	사회관계	예술경험	자연탐구

출처 : 2019 개정 누리과정 해설서(2019) 참고

4) 누리과정에서 예술경험영역의 목표와 내용

우리나라 유아교육 역사상 미술교육은 1969년 국가 수준 유치원 교육과정 제정 때, 건강, 사회, 자연, 언어, 예능 중 '예능' 영역의 춤, 율동, 회화에서 회화에 속하였으며, 이후 3차례의 개정이 이루어졌지만, 미술교육 관련 내용은 표현하기와 감상하기라고 명시만 되어 있었다. 5차 교육과정(1992)에서는 '표현생활'에 미술교육 내용이 포함되었으며 표현활동과 감상활동의 내용이 구체적으로 명시되었다. 6차 교육과정에서는 '표현생활' 영역의 탐색, 표현, 감상의 3개 하위영역에서 미술교육 관련 교육내용을 Ⅰ, Ⅱ 수준으로 나누어 제시하였으며, 2007년 개정 교육과정에서도 이와 동일한 맥락에서 미술교육 관련 내용을 제시하였다. 그러나 표준보육과정과 유치원 교육과정이 통합되어 공통 교육과정인 「5세 누리과정(2011)」이 제정됨에 따라 미술교육 관련 내용이 '예술경험' 영역에 포함되었다. 이에 「3~5세 연령별 누리과정」에 이어 현재 시행되고 있는 누리과정에서도 유아 미술교육은 5개 영역 중 '예술경험' 영역에서 구체적으로 명시되어 있다. 누리과정에서 제시한 예술경험영역의 목표, 내용을 구체적으로 살펴보면 다음과 같다.

> ▶ 누리과정에서 예술경험 영역의 목표

누리과정의 예술경험영역의 목표는 아름다움과 예술에 관심을 가지고 창의적으로 표현을 즐기는 것이다. 이를 달성하기 위한 구체적인 목표는 다음과 같다.

① 자연과 생활 및 예술에서 아름다움을 느낀다.

② 예술을 통해 창의적으로 표현하는 과정을 즐긴다.

③ 다양한 예술 표현을 존중한다.

> ▶ 누리과정에서 예술경험 영역의 내용체계

유아는 일상생활에서 아름다움과 경이감을 느끼고 표현하는 풍부한 감성을 가진 존재로, 이 시기 보고, 듣고, 만지고 느낀 것을 자연스럽게 표현함으로써 예술적 요소를 인식하고 창의적으로 표현하는 능력이 발달한다. 이에 누리과정에서 예술경험영역은 유아가 자연, 생활, 예술에서 아름다움을 찾아보고 느끼며, 다채롭고 창의적인 방법으로 자신의 경험, 느낌, 생각을 표현해 보고, 다양한 예술 표현을 존중하는 경험을 하기 위한 영역이다(교육부, 보건복지부, 2019).

누리과정의 예술경험영역은 '아름다움을 찾아보기', '창의적으로 표현하기', '예술 감상하기'의 세 가지 내용범주로 구성된다. 세 가지 내용 범주는 아름다움과 예술이라는 큰 체계 속에서 통합적인 경험이 될 수 있도록 해야 한다.

표 3-10 누리과정 예술경험영역의 내용체계

예술경험영역

아름다움과 예술에 관심을 가지고 창의적 표현을 즐긴다.
1) 자연과 생활 및 예술에서 아름다움을 느낀다.
2) 예술을 통해 창의적으로 표현하는 과정을 즐긴다.
3) 다양한 예술 표현을 존중한다.

아름다움 찾아보기	창의적으로 표현하기	예술 감상하기
• 자연과 생활에서 아름다움을 느끼고 즐긴다. • 예술적 요소에 관심을 갖고 찾아본다.	• 노래를 즐겨 부른다. • 신체, 사물, 악기로 간단한 소리와 리듬을 만들어 본다. • 신체나 도구를 활용하여 움직임과 춤으로 자유롭게 표현한다. • 다양한 미술재료와 도구로 자신의 생각과 느낌을 표현한다. • 극놀이로 경험이나 이야기를 표현한다.	• 다양한 예술을 감상하며 상상하기를 즐긴다. • 서로 다른 예술 표현을 존중한다. • 우리나라 전통 예술에 관심을 갖고 친숙해진다.

누리과정 예술경험영역의 '아름다움 찾아보기'는 유아가 자연과 생활에서 아름다움을 느끼는 경험을 통해 예술적 요소에 관심을 가지고 찾아보는 내용이다. 이를 통해 유아는 자연과 생활 속에 잠재되어 있는 아름다움, 예술적 요소를 발견하고, 적극적으로 찾아보려는 태도를 형성할 수 있다.

'창의적으로 표현하기'는 유아가 자신의 느낌과 생각을 음악, 움직임과 춤, 미술, 극놀이 등을 통해 자유롭게 표현하는 과정을 즐기는 내용이다. 유아는 자신이 나타내고자 하는 바를 마음껏 펼칠 수 있을 때 잠재된 창의성과 표현력이 발휘된다.

'예술 감상하기'는 유아가 다양한 예술을 통해 상상하기를 즐기고, 우리나라 고유의 전통 예술에 친숙해지는 내용이다(교육부, 보건복지부, 2019). 유아가 생활 속에서 접할 수 있는 자연이나 사물, 예술 작품을 비롯하여 자신과 또래의 다른 표현을 감상하고 즐기고 존중하는 경험은 아름다움의 다양성을 이해하고 존중하는 역량을 기른다. 또한 우리나라 고유의 전통 음악, 춤, 미술, 건축물, 극 등에 관심을 가져보는 기회는 우리나라 문화에 내재 된 아름다움을 찾아보며 느낌을 나눌 수 있는 기회가 된다.

5) 누리과정 예술경험영역에 포함된 미술교육에 대한 이해

누리과정에서 예술경험영역의 미술교육 관련 내용은 「2019 개정 누리과정」 총론과 해설서에 제시되어 있다. 5개 영역 중 예술경험영역은 가장 적은 10개의 내용범주로 구성되어 있다. 이는 예술경험영역의 중요도, 비중이 낮은 것으로 인함이 아닌 포괄적, 통합적 특성으로 인한 것이다. 예술경험영역의 '아름다움을 찾아보기', '창의적으로 표현하기', '예술 감상하기'는 서로 구분되기 보다는 서로 밀접하게 연관되어 순환되면서 유아의 예술경험을 새롭게 재구성하게 하는 특징이 있다. 따라서 세 내용범주를 별개의 독립된 활동으로 다루기 보다 유아가 놀이 속에서 다양한 경험을 통해 아름다움을 찾고 표현하며, 감상할 수 있도록 포괄적, 통합적으로 다루어져야 한다.

(1) 아름다움 찾아보기-자연과 생활에서 아름다움을 느끼고 즐긴다. / 예술적 요소에 관심을 갖고 찾아본다.

'아름다움 찾아보기'의 '자연과 생활에서 아름다움을 느끼고 즐긴다.'와 '예술적 요소에 관심을 갖고 찾아본다.'는 유아가 자신의 주변에서 접하는 자연, 공간, 사물 등의 아름다움을 풍부하게 느끼며 즐기고, 주변의 자연과 생활에서 색이나 형태 등과 같은 미술적 요소에 관심을 가지고 찾아보는 내용을 다룬다. 즉 유아가 자연과 생활에서 접하는 자연물, 사물 및 주변 환경에서 찾아볼 수 있는 색, 모양, 질감, 공간 등의 다양한 미술적 요소에 관심을 기울이고 반응하면서 아름다움을 느끼고, 그 요소들이 갖고 있는 특징들을 발견하며, 그 차이점 등을 탐색하는 능력을 기르는 내용을 포함하고 있다. 이에 교사는 유아가 교육활동 중에 주변의 자연과 생활에 대하여 호기심과 관심을 갖고, 지속적으로 미술적 요소들을 찾아보려는 태도를 형성하도록 도와야 한다.

(2) 창의적으로 표현하기-다양한 미술재료와 도구로 자신의 생각과 느낌을 표현한다.

'예술적 표현하기'의 '다양한 미술재료와 도구로 자신의 생각과 느낌을 표현한다.'는 유아가 자연과 생활에서 발견한 다양한 재료와 도구를 활용하여 자신의 경험, 느낌, 생각 등을 여러 가지 방법으로 창의적인 미술표현을 하며 즐기는 내용을 다룬다. 미술활동은 유아가 알고 있는 것, 본 것, 느낀 것을 다양한 재료와 도구로 자유롭게 표현할 수 있는 기회를 제공하여 미적 감각과 창의성을 발달시킬 뿐만 아니라 표현 과정에서 즐거움, 만족감, 자신감을 경험하게 한다. 이에 교사는 유아가 자신이 표현하고자 하는 바를 마음껏 펼치므로 잠재된 창의성과 표현력을 기를 수 있도록 도와야 하며, 미술표현을 위한 재료 및 도구를 풍부하게 제공하고, 편안하고 허용적인 분위기를 조성해 주어야 한다.

(3) 예술 감상하기-다양한 예술을 감상하며 상상하기를 즐긴다. / 서로 다른 예술 표현을 존중한다. / 우리나라 전통 예술에 관심을 갖고 친숙해진다.

'예술 감상하기'의 '다양한 예술을 감상하며 상상하기를 즐긴다.'와 '서로 다른 예술 표현을 존중한다.', '우리나라 전통 예술에 관심을 갖고 친숙해진다.'는 유아가 자신과 또래의 다양한 예술을 감상하고 존중하며, 우리나라 고유의 전통 예술까지도 포함하여 예술을 감상하는 내용을 다룬다. 즉, 유아의 자연과 생활에서 친근하게 접할 수 있는 사물, 예술 작품을 비롯하여 다양한 문화의 작품들까지도 관심을 가져 감상할 수 있는 기회를 제공하는 것이 필요하다. 유아가 미술작품 등을 듣거나 보고 즐기는 활동을 통하여 아름다움을 느끼는 것과 자신과 또래의 서로 다른 표현을 존중하며 예술 감상에 지속적인 관심과 흥미를 갖도록 하는 경험은 유아기의 예술경험은 향후 개인의 인생 전반에 걸쳐 예술적 취향에 영향을 주어 예술의 영역과 깊이가 달라질 수 있기에 중요한 의미를 지닌다. 또한 현재까지 전해져 내려오는 우리나라 고유의 전통예술을 경험함으로 우리나라 문화 속에 잠재된 아름다움에 관심을 갖고 적극적으로 찾아보며, 우리나라 문화에 친숙해지는 태도를 형성할 수 있다.

표 3-11 국가수준 교육과정의 예술경험영역 내용

영역	내용범주	0~1세	2세	3~5세
예술 경험	아름다움 찾아보기	• 자연과 생활에서 아름다움을 느낀다. • 아름다움에 관심을 가진다.	• 자연과 생활에서 아름다움을 느끼고 즐긴다. • 아름다움에 관심을 갖고 찾아본다.	• 자연과 생활에서 아름다움을 느끼고 즐긴다. • 예술적 요소에 관심을 갖고 찾아본다.
	창의적으로 표현하기	• 소리와 리듬, 노래로 표현한다. • 감각을 통해 미술을 경험한다. • 모방행동을 즐긴다.	• 익숙한 노래와 리듬을 표현한다. • 움직임과 춤으로 자유롭게 표현한다. • 미술재료와 도구로 표현해 본다. • 일상생활 경험을 상상놀이로 표현한다.	• 노래를 즐겨 부른다. • 신체, 사물, 악기로 간단한 소리와 리듬을 만들어 본다. • 신체나 도구를 활용하여 움직임과 춤으로 자유롭게 표현한다. • 다양한 미술재료와 도구로 자신의 생각과 느낌을 표현한다. • 극놀이로 경험이나 이야기를 표현한다.
	예술 감상하기			• 다양한 예술을 감상하며 상상하기를 즐긴다. • 서로 다른 예술 표현을 존중한다. • 우리나라 전통 예술에 관심을 갖고 친숙해진다.

문제

1. 다음의 괄호에 알맞은 말을 골라 넣으시오.

보기) 발달, 예술경험, 분리, 놀이, 표현생활, 통합

- 「제4차 어린이집 표준보육과정」과 「2019 개정 누리과정」은 '아동 중심', '(　　　) 중심', '교사의 자율권 강화'를 기본방향으로 한다.
- 국가수준 교육과정의 (　　　)영역의 아름다움을 찾아보기, 창의적으로 표현하기, 예술 감상하기는 서로 밀접하게 연계되고 순환되기에 (　　　)되도록 지도한다.

2. 다음 문장이 옳으면 O, 틀리면 X표 하시오.

① 「제4차 어린이집 표준보육과정」은 0~5세 영유아를 위한 국가수준의 보육과정으로, 「0~1세 보육과정」, 「2세 보육과정」, 「3~5세 보육과정(누리과정)」으로 구성되어 있다. (　　　)

② 음악, 움직임과 춤, 미술, 극놀이 등의 통합적 표현을 경험한 유아는 예술 활동 전반에 대해 계속적으로 흥미를 가지고 창의적 표현 과정을 즐기게 된다. (　　　)

③ 누리과정 5개 영역 중 예술경험영역은 가장 적은 10개의 내용범주로 제시됨은 유아 발달 면에서 낮은 중요도로 인함이다. (　　　)

④ 영유아기의 예술경험은 향후 개인의 인생 전반에 걸쳐 예술적 취향에 영향을 주어 예술의 영역과 깊이가 달라질 수 있기에 중요한 의미를 지닌다. (　　　)

제4장

영유아 미술교육을 위한 교수학습방법

활동 목표

1. 영유아 미술교육을 위한 접근방법을 설명할 수 있다.

2. 영유아 미술교육을 위해 탐색, 표현, 감상활동을 통합하여 지도할 수 있다.

3. 영유아 미술교육을 위한 교수학습과정을 적용할 수 있다.

제4장

영유아 미술교육을 위한 교수학습방법

1. 영유아 미술교육을 위한 접근방법

1) 학문에 기초한 미술교육

학문에 기초한 미술교육(Discipline-Based Art Education)은 영유아가 미술작품을 제작하는 것뿐 아니라 미술을 이해하고 경험하며 가치를 판단할 수 있도록 그 제반 요건을 마련하기 위한 포괄적 접근방법이다(한경애, 이영미, 2016).

◀ DBAE의 교육내용

DBAE는 네 가지 내용영역인 미술작품 제작, 미학, 미술사, 미술 비평을 포함한다. 미술작품 제작은 영유아가 표현 재료를 활용하여 자신이 표현하고자 하는 생각, 느낌을 만들어 내는 일련의 활동을 의미하며, 미학은 미술작품의 의미와 특징을 찾아내는 미적 추구 활동이다. 미술사는 다른 시대의 미술작품과 문화가 상호 간에 미치는 영향을 이해하는 것이고, 미술 비평은 자신의 작품과 또래의 작품을 평가하기 위해 미술에 대해 이야기하며 미술의 특성을 분석, 설명, 판단하는 능력을 의미한다.

DBAE의 네 가지 내용영역은 미술활동 내에서 서로 관계를 맺으며 통합적으로 이루어지도록 구성하는 것이 원칙이며, 체계적이고 연계성을 띤 계획된 교수방법을 통해 학습된다(우수경, 이성희, 이현정, 최미화, 김현자, 김기예, 2016).

▶ DBAE의 기본 전제

DBAE의 기본 전제는 첫째, 유아기 미술능력은 교육을 통하여 성장하고 발달한다. 둘째, 미술을 이해하기 위해서는 다양한 학습이 필요하다. 셋째, 유아들의 미술 표현은 일정한 발달단계를 거치므로 발달단계에 적합한 미술활동을 제공해야 한다. 넷째, 유아기 미술활동은 내적으로 의미 있어야 하며, 일상에서 적용 가능한 활동이어야 한다(한경애, 이영미, 2016).

▶ DBAE의 교사의 역할

DBAE에서 교사는 네 가지 내용영역에 대한 풍부한 지식과 경험을 토대로 다음과 같은 역할을 수행해야 한다.

- 영유아가 미술활동에 적극적으로 참여할 수 있도록 동기를 유발한다.
- 영유아가 표현하고자 하는 느낌, 생각을 자유롭게 표현할 수 있도록 격려한다.
- 영유아가 미적 요소를 경험하고 찾을 수 있는 기회(미술작품, 미술 관련 도서, 영상자료, 작품 전시, 현장학습 등)를 제공한다.
- 영유아가 미술작품의 형식, 요소, 미술사를 스스로 탐구할 수 있도록 발문한다.

2) 레지오 에밀리아의 프로젝트 접근법

레지오 에밀리아(Reggio Emilia) 프로젝트 접근법의 핵심은 순환적 표상활동이다. 영유아는 학습의 주체가 되어 동일한 주제나 현상을 여러 번의 탐색활동을 통해 순환적으로 표상함으로써 보다 깊은 사고활동을 한다.

레지오 에밀리아의 순환적 표상은 다양한 매체를 다각도로 표상하는 '다 상징적 접근'을 사용하며 상징화 주기는 다음과 같이 전개된다(우수경, 이성희, 이현정, 최미화, 김현자, 김기예, 2016).

표 4-1 레지오 에밀리아 접근의 상징화 주기

주기	단계	내용
주기 1	구술적 분출	소집단으로 프로젝트 주제를 선정하고 주제가 가지는 여러 가지 특성을 이해하기 위해 각자의 생각, 느낌, 경험을 말로 표현하는 단계
주기 2	표상하기	토의 내용을 그림으로 그리고 탐색하는 단계
주기 3	시뮬레이션	탐색한 내용을 가지고 다시 한 번 그려 가상의 모형을 만드는 단계
주기 4	대체물 이용하기	3단계까지 나아간 내용을 바탕으로 그리기 이외의 다른 매체로 표현하는 단계
주기 5	경험하기	실제 경험을 통해 비체험적인 사전활동과 비교하여 그 차이점을 발견하여 새로운 지식을 구성하는 단계
주기 6	재표상하기	실제 경험을 한 후 다시 그려보는 단계
주기 7	확장하기	비시각적인 것을 시각적으로 표상하는 것과 같이 현재 하고 있는 활동을 다른 부분까지 연결하는 단계
주기 8	심화하기	소그룹 내의 토론을 통해 다른 유아들의 생각을 알아보고 자신의 사고를 수정하는 단계
주기 9	확장 및 심화하기	프로젝트를 더 확장해서 알고 싶은 것을 토의하는 단계

출처 : 우수경, 이성희, 이현정, 최미화, 김현자, 김기예(2016)

레지오 에밀리아 접근법의 상징화 주기는 〈표 4-1〉과 같이 생각을 말로, 말을 그림으로, 그림을 또 다른 매체로 표현해 가는 다양한 매체를 사용한 순환적 표상이다. 레지오 에밀리아 접근법은 한 번의 표현으로 끝나버렸던 교육방법에 비해 표상의 순환과정을 거치면서 영유아의 이해가 확장되고 사고와 표현이 더욱 정교해지도록 한다(오종숙, 2005).

그림 4-1 레지오 에밀리아 접근

출처 : The Curious Kindergarten

레지오 에밀리아의 아틀리에(Atelier, 작업실, 스튜디오)라고 불리는 공간에 전시된 수많은 기록물, 미술작품, 사진 등은 영유아의 사고와 표상이 여러 단계를 거쳐 변화하였고 높은 수준으로 발달하였음을 보여 준다.

영유아는 아틀리에에서 다양한 매체와 표현방식(예 : 말, 동작, 그림, 색칠, 콜라주, 만들기, 조작, 그림자놀이, 상상놀이, 음악 등)으로 자신을 표현한다. 아틀리에에는 아틀리에스타(Atelierista)라는 미술교사가 있다. 아틀리에스타는 단순히 미술작품의 완성도를 높이는 역할을 하는 것이 아니다. 교사와 주제활동에 대해 아이디어를 공유하고 영유아가 생각하고 경험한 것을 표상할 수 있도록 교수방법을 지원하는 역할을 한다(우수경 외, 2016).

그림 4-2 레지오 에밀리아의 아틀리에

출처 : The Curious Kindergarten ; Urban Preschool

그림 4-3 레지오 에밀리아의 다양한 매체와 표현방식

출처 : The Curious Kindergarten

3) 통합적 미술교육

영유아 미술교육은 시대적 변화와 요구에 따라 변화한다. 과거 영유아 미술교육의 교수학습방법은 모방에서 기능 중심으로, 기능에서 내면의 정서를 표현하는 표현 중심이 주류를 이루었다. 그러나 최근에는 미술의 본질을 이해하고 응용할 수 있는 통합적 미술교육을 지향하고 있다(지성애, 박찬옥, 유구종, 조형숙, 2010).

통합은 학습자 내부의 통합을 돕기 위하여 교과 간에 상관되는 요소를 중심으로 통합하거나, 주제를 중심으로 필요한 교과내용을 통합하는 형태로 운영된다(나은숙, 윤희경, 안경숙, 오애순, 김승옥, 2010). 통합의 궁극적인 목적은 전인적 발달과 효율적 학습으로, 유아교육기관에서 통합적 미술교육이 이루어지기 위해서는 생활경험과의 통합, 교과와의 통합, 활동과 영역 간의 통합이 실행되어야 한다.

◀ 통합적 미술교육을 위한 방법

- 생활경험과 미술의 통합으로 영유아가 생활 속에서 미적 요소를 발견하고 즐기는 미술교육의 본질적인 역할과 기능을 회복하게 한다.
- 흥미 있는 주제 또는 프로젝트를 통한 미술과 다른 교과와의 통합은 교육의 효과를 극대화한다.
- 미술교육은 정해진 장소, 시간 속에서만 이루어지는 것이 아니다. 일과 속의 다른 활동, 다른 영역과의 통합은 창의력, 상상력, 정서, 감수성뿐 아니라 사고력과 판단력을 향상시킨다.

주제를 중심으로 통합적 미술교육 운영과 다른 활동, 다른 영역 간 통합의 예는 〈표 4-2〉, 〈표 4-2〉과 같다.

표 4-2 주제 중심의 통합적 미술교육 운영과정

단계	내용
주제 선정하기	• 영유아의 흥미와 발달, 영유아의 생활과의 관련성 고려하기 • 활용 가능한 자원이 풍부하며 시간에 제약이 적은 주제 선정하기 • 개념 및 지식의 확장을 도모할 수 있는 주제 선정하기 예 계절, 가족, 교통기관, 동물
⇩	
개념망 구성하기	• 주제 관련 영유아의 사전 경험 및 지식 파악하기 • 주제에 내포된 개념 또는 아이디어에 대한 개념망 구성하기
⇩	
활동 계획하기 통합활동 계획하기	• 개념이 포함된 교과별 내용을 파악하여 활동 선정하기 예 동극 '솔이의 추석이야기' 과학 '가을 색 만들기' • 선정한 활동을 각 교과영역의 활동들과 통합하기 예 미술과 언어의 통합 '솔이의 추석이야기 동극 배경 꾸미기' 미술과 과학의 통합 '가을 색으로 옷 디자인하기'
⇩	
월간 · 주간계획안 구성하기	• 주제 관련 통합활동이 체계적으로 진행될 수 있도록 월간계획안, 주간계획안 구성하기

표 4-3 '가을과 자연' 생활주제 전개과정에서 나타난 통합적 미술교육

활동	세부내용
자유선택 활동	• 쌓기) 논과 밭 구성하기, 솔이의 시골집을 지어요, 가을 동산을 만들어요 • 역할) 농부가 되어보자, 가을 소풍을 가요, '솔이의 추석이야기' 동극하기 • 언어) 동시 '밤나무엔 해마다' 듣고 글과 그림으로 표현하기 • 수 · 조작) 가을과 여름의 같은 점과 다른 점, 가을 풍경 퍼즐, 열매 도미노 • 과학) 가을 색 만들기, 곡식 빻기 • 미술) 가을 색으로 옷 디자인하기, 곡식 콜라주, 허수아비 만들기, 나뭇잎 스크래치, 낙엽으로 가을 곤충 꾸미기, 가을철 과일 모자이크 • 음률) 가을 길, 가을바람
대 · 소집단 활동	• 이야기 나누기) 은행나무와 단풍나무의 한살이, 나무와 숲의 고마움 • 미술활동) '프로방스의 추수'와 '이삭줍기' 감상하기, 동극 배경 꾸미기 • 문학활동) 동시 '가을은 요술쟁이' 감상하기, '솔이의 추석이야기' 공연하기 • 게임 및 신체활동) 강한 바람과 약한 바람, 가을 열매 뒤집기 • 음악활동) '가을 길' 율동 발표하기, 가을바람 음악감상 • 과학) 물과 밀가루가 만나면?

출처 : 교육과학기술부, 보건복지부(2013)

국내외 유아교육현장에서는 대체로 미술의 기능과 기술, 미술학에 기초한 '학문에 기초한 미술교육(DBAE)'과 미술과 다른 교과 간의 통합을 통한 '통합적 미술교육'을 적용하고 있다. 그러나 통합적 유아 미술교육 연구자들은 미술과 다른 교과 간의 통합이 영유아의 미술 표현능력뿐 아니라 각 교과의 지식 획득 및 전인발달에도 효과가 있음을 제안하고 통합적 미술교육이 적용되어야 함을 강조하고 있다(지성애, 박찬옥, 유구종, 조형숙, 2010).

2. 영유아 미술교육을 위한 탐색, 표현, 감상활동 지도

영유아 미술교육의 내용은 탐색, 표현, 감상으로 구분된다. 탐색은 자연과 사물에 잠재된 아름다움을 발견하고, 적극적으로 찾는 것이며, 표현은 자신의 느낌과 생각을 자발적 · 창의적으로 표현하는 것이고, 감상은 표현된 작품이나 자연의 아름다움을 인식하고 이해하는 것이다. 영유아 미술교육의 내용영역인 탐색, 표현, 감상에 포함되는 구체적인 교육내용은 〈표 4-4〉과 같다.

표 4-4 영유아 미술교육의 교육내용

내용영역	교육내용
탐색	• 감각적 경험하기 • 주변 사물의 미적 요소 탐색하기 • 자신의 생각, 경험, 느낌 탐색하기 • 재료와 도구 탐색하기
표현	• 생각과 느낌, 상상을 시각적으로 표현하기 • 조형요소와 원리를 경험하고 활용하기 • 재료와 기법, 과정을 이해하고 활용하기
감상	• 자연과 사물 감상하기 • 자신과 또래의 작품 감상하기 • 우리나라와 다른 나라 미술품 감상하기

출처 : 이정욱, 임수진(2010)

영유아에게 의미 있는 미술교육을 지도하기 위해서는 탐색, 표현, 감상이 모두 포함되어야 한다. 이에 미술교육 내용영역인 탐색, 표현, 감상에 따른 지도 방법을 구체적으로 살펴보면 나음과 같나.

1) 탐색

미술교육에서 탐색은 자연과 사물에 잠재되어 있는 다양한 미적 요소에 주의를 기울이면서 아름다움을 느끼고, 그 아름다움을 만들어 내는 미적 요소들이 갖는 특징들을 발견하고 탐색하는 것을 의미한다. 그러므로 교사는 탐색을 통해 영유아가 자연과 사물의 아름다움을 발견하고 인식할 수 있도록 환경을 제공하고, 미적 요소와 관련한 상호작용을 할 수 있어야 한다. 미술교육에서 탐색의 대상과 탐색을 위한 지침은 다음과 같다.

▶ 탐색의 대상

탐색의 대상은 자연, 일상생활, 미술재료와 도구로 나누어 설명할 수 있다(우수경, 이성희, 이현정, 최미화, 김현자, 김기예, 2016). 첫째, 자연에서의 미적 요소 탐색은 자연의 독특함과 조화의 아름다움을 지각하고 풍부한 심상을 갖게 하여 높은 수준의 미적 표현을 할 수 있게 한다. 자연에서의 미적 요소 탐색을 위한 활동에는 산책, 자연물을 직접 보고 만지고 느껴보는 활동 등이 있다.

둘째, 일상생활에서의 미적 요소 탐색은 일상생활에서 직접적 · 감각적 경험을 통해 피상적 표현이 아닌 미적 요소의 특징과 변화를 구체적으로 표현할 수 있게 한다. 영유아가 지나칠 수 있는 소소한 일상을 보다 주의 깊게 살펴보고 더 나아가 미적 요소를 발견할 수 있도록 돕는 것을 의미한다. 일상생활에서의 미적 요소 탐색을 위해 교사는 영유아 주변에 있는 모든 장소(다양한 모양의 건물, 실내 디자인 등)와 사물(가구, 장식품, 생활용품 등)에서 탐색의 소재를 찾는 데 주의를 기울여야 한다.

셋째, 미술재료와 도구의 탐색은 미술재료와 도구의 특성을 이해하여 독창적인 미술 표현을 가능하게 한다. 영유아는 비치된 다양한 종류의 미술재료와 도구를 탐색함으로써 각각의 용도, 특징을 발견하게 되고 어떻게 사용할까 사고하는 과정에서 독창적인 미술 표현을 하게 된다.

탐색을 위해 교사는 영유아가 오감을 사용하여 자연이나 사물에 관심을 갖고 탐색해 볼 수 있도록 안내하고 격려하는 역할을 해 주어야 하며, 다양한 재료와 도구를 탐색할 수 있도록 충분한 시간을 제공해 주어야 한다(나은숙, 윤희경, 안경숙,

오애순, 김승옥, 2010).

미술교육에서 탐색을 위한 구체적인 지침은 다음과 같다.

◀ 탐색을 위한 지침

- 영유아가 사물을 주의 깊게 살펴보고 탐색하도록 충분한 시간과 자유로운 분위기를 조성한다.
- 영유아의 탐색수준을 고려하여 탐색 재료를 순차적으로 제시한다(오연주, 2013).
- 오감을 통한 탐색의 기회를 제공하기 위해 주변 환경에 다양한 탐색자료들을 구비한다.

  예 영아 : 모빌, 여러 가지 색과 모양의 놀잇감, 생활용품 등

  유아 : 나뭇가지, 솔방울, 나뭇잎, 꽃, 점토, 컬러잡지, 한지, 헝겊, 실 등
- 여러 미술 재료를 혼합하거나 조작함으로써 미적 요소를 비교하고 실험하며 조합할 수 있는 탐색활동을 제공한다.

  예 염색, 데칼코마니, 마블링, 색의 혼합, 빛의 혼합 등
- 다양한 탐색의 기회를 제공한다.

  예 수목원, 동물원, 미술관, 박물관, 체험관, 공원 등
- 미적 요소와 관련한 질문을 통해 영유아의 발견학습을 촉진한다.

  예 빗방울이 손에 떨어지면 어떤 느낌이니?(촉각, 질감)

  빗방울은 어떤 모양이었니?(모양)

  빗방울의 소리는 어떻게 들렸니?(청각)

  울타리에서 무엇을 보았니?(시각)

  꽃잎은 무슨 색이었니?(색)

2) 표현

미술활동을 통해 영유아는 자신의 생각과 느낌을 자발적 · 창의적으로 표현한다. 미술교육에서 표현은 영유아가 알고 있는 것, 본 것, 느낀 것을 다양한 재료와 도구를 이용하여 자유롭게 표현할 수 있는 기회를 제공할 뿐 아니라 표현과정에서 즐거움을 느끼고 만족감과 자신감을 경험할 수 있도록 도움으로써 영유아의 미적 감각 및 창의성을 발달시킨다(교육과학기술부, 보건복지부, 2013).

미술 표현을 위해 교사는 영유아의 발달특성을 고려하여 활동을 제시해 주어야 한다.

▶ 영아를 위한 표현활동

영아를 위한 미술활동은 감각을 이용한 단순한 활동으로, 교사는 영아가 직접 사물을 쥐어보고 누르고 던지고 뜯고 문지르고 비벼보는 경험을 할 수 있도록 미술활동을 제시해 주어야 한다. 영아는 미술활동을 하며 의도하지 않는 결과를 경험하기도 하지만 자신이 만들어 낸 표현의 흔적을 보며 기쁨을 느끼고, 반복적인 경험은 추후 의도된 모양이나 모형을 만들려는 시도를 하게 한다.

▶ 유아를 위한 표현활동

유아를 위한 미술활동은 주변의 친숙한 대상에 관심을 갖고 감각과 신체를 이용하여, 보고 만지며 느끼는 다양한 미술경험을 제공하므로 창의적인 미술표현을 위한 기초능력뿐 아니라 자신감을 기를 수 있는 활동을 제공해 주어야 한다. 만 3세는 호기심을 가지고 감각과 신체를 활용하여 즐거움을 경험할 수 있도록 다양한 미술활동을 제시해 주어야 한다. 예를 들어, 그리기와 색칠하기 활동을 제시할 때 나무껍질, 돌, 조개껍질과 같이 다양한 형태와 재질의 평면에 그리고 색칠하는 미술활동을 경험하도록 해야 한다. 또한 다양한 질감을 느끼고 비교할 수 있는 콜라주와 점토활동도 만 3세 유아에게 적합한 미술활동이다. 즉, 만 3세 미술활동은 결과보다는 과정을 중요시하고, 한 가지 방법으로 활동하기보다는 자유롭고 다양한 방법으로 표현하도록 개별적 표현을 격려하는 허용적 분위기를 조성해야 한다. 만 4, 5세는 평면과 입체 미술활동 모두를 즐길 뿐 아니라, 그리기, 색칠하기, 만들기 이외에도 다양한 자료들을 가지고 창의적인 미술활동을 하므로 자신의 생각과 지각, 느낌을 창의적으로 표현할 수 있는 활동을 제공해야 한다. 또한 또래와 함께 미술활동에 참여하는 과정에서 서로 생각과 느낌의 차이가 있음을 알고 이를 조정하도록 하는 협동적인 미술활동을 제공한다(교육과학기술부, 보건복지부, 2013).

◀ 표현을 위한 지침

미술교육에서 표현을 위한 구체적인 지침은 다음과 같다.

- 영유아가 자신의 생각, 느낌, 탐색한 것 등에 대해 서로 이야기 나누는 시간을 마련한다.
- 영유아가 자신의 생각, 느낌을 표현하는 자체에 즐거움을 느낄 수 있도록 분위기를 조성한다.
- 영유아가 자신의 생각, 느낌을 적절하고 효과적인 방법으로 표현할 수 있도록 다양한 표현기법과 미술 도구의 사용방법을 가르친다.
- 영유아의 발달 수준, 안전성을 고려하여 미술재료와 도구를 선정한다.
- 창의적인 미술 표현을 위해 다양한 미술 재료와 도구를 제공한다. 처음에는 많은 재료를 제공하기보다는 기본적인 재료를 제공하며 점차 새로운 재료를 첨가한다.

  예 영아 : 밀가루 반죽, 생크림, 스탬프, 도장, 스펀지, 자연물 등
  유아 : 유점토, 모래, 매직, 파스텔, 비닐, 끈, 포일, 여러 모양의 가위, 재활용품 등
- 영유아가 결과물인 미술작품에 가치를 부여할 수 있도록 수용하고 존중한다.

3) 감상

미술교육에서 감상은 작품과 관련된 지식(예 : 역사적 유래, 작품명, 작가명, 작품의 재료와 구조 등)을 단순히 습득하는 것이 아니라 자연과 사물, 다양한 작품들에 관심을 가지고, 보고 느끼고 이해하여 미적 가치를 발견하도록 하는 것이다. 3~5세 누리과정(2013)에서는 영유아가 미술작품을 보고 즐기는 활동을 통하여 아름다움을 느끼고 각자의 표현을 존중하며 예술감상에 지속적인 관심과 흥미를 갖도록 하는 감상에 주안점을 두어야 한다고 하였다.

▶ 감상활동의 교육적 의의

20세기 후반에 들어서면서 미술교육에서 감상의 중요성이 점차 강조되는 것은 교육적 효과가 크기 때문이다(하정연, 김용환, 백정이, 2016). 감상활동의 교육적 의의를 정리하면 다음과 같다(류재만, 2000). 첫째, 영유아의 미적 가치 판단능력과 미의식을 발달시킨다. 둘째, 아름다움을 느낄 수 있는 미적 감각이나 감수성을 길러준다. 셋째, 감상경험이 추후 작품 표현에 반영됨으로써 미술 표현능력을 향상시킨다. 넷째, 자신과 다른 생각도 존중해야 한다는 것을 이해하면서 올바른 인격이 형성될 수 있다. 다섯째, 세계 문화 속에서 우리 문화의 우수성을 지각함으로써 새로운 문화 창조의 토대를 마련하게 된다.

▶ 감상의 대상

미술감상을 위해 교사는 영유아의 발달특성을 고려하여 감상물을 제시해 주어야 한다. 감상의 준비기라 할 수 있는 영유아기에는 자신의 작품에 자부심을 갖는 시기이므로 감상 분야를 자신의 작품과 또래의 작품, 영유아 주변의 것을 중점적으로 감상할 수 있도록 한다. 자신이 표현한 작품에 대해 이야기하고, 친구의 이야기를 들을 수 있는 기회는 영유아기 의미 있는 활동이다. 태동기에 해당하는 아동기에는 감상 분야를 자신의 작품, 또래의 작품, 주변 환경, 지역사회 등으로 확대하고 사실적 작품과 그 외 다양한 작품들을 제시한다. 이와 같은 감상경험은 사실적인 표현에 대한 나름의 태도를 갖게 하고 다양한 작품들의 다른 표현도 이해하도록 돕는 기회가 된다.

표 4-5 감상 지도의 대상과 내용

감상의 대상	감상의 내용
조형품 감상 자연 및 환경감상	• 재료를 다루는 기법적인 면 • 형태를 아름답게 하는 미적 구성력 • 새로운 아이디어를 산출하고 구현하는 창의성 • 작품의 감각적인 생동감 • 미적 구성이나 선, 색, 명암 등의 형태 • 표현방식의 특성, 재료나 용구를 다루는 능력 • 작품이 전달하고자 하는 의미

감상을 위한 지침

미술교육에서 감상을 위한 구체적인 지침은 다음과 같다.

- 영유아기는 아직 예술적 취향이 명확하게 정해지지 않은 상태이므로 다양한 장르의 예술적 경험을 통해 예술을 감상할 수 있는 역량개발의 기초를 마련한다.
- 영유아의 감상능력이 향상될 수 있도록 다양한 감상활동을 제공한다.
  예 명화를 활용한 감상, 그림책을 활용한 감상, 박물관 및 미술관 관람을 통한 감상, 자연체험을 통한 감상 등
- 영유아기는 주로 친숙한 환경에서 겪는 경험이 중요하므로 일상생활에서 다양한 예술적 환경을 제공하여 예술에 대한 민감성을 증진시킨다.
  예 직접 경험 : 산책, 미술관, 전시회, 체험관, 박물관 등
  간접 경험 : 파워포인트, 사진, 책, 동영상, 오디오 등
- 자신의 생각과 느낌을 자연스럽게 표현할 수 있도록 하여 아름다움에 대한 풍부한 감정을 기르도록 격려한다.
  예 느낀 점에 대해 토의하기, 그림이나 글로 표현하기 등

탐색, 표현, 감상 이 세 가지 교육내용은 서로 밀접하게 연관되어 있다. 이들은 서로 연계되고 순환되면서 영유아의 미적 경험을 새롭게 재구성한다는 특징이 있다. 따라서 인위적인 구분에 따라 별개의 독립된 활동으로 다루기보다 수시로 일상생활 속에서 다양한 매체와의 친숙한 경험을 통해 아름다움을 찾고 표현하며 감상하는 활동이 순환되고 통합되도록 하는 것이 중요하다(교육과학기술부, 보건복지부, 2013).

3. 영유아 미술교육을 위한 교수학습과정

유아교육기관에서 이루어지는 미술활동은 특정 기술이나 기능을 학습하여 완성도가 높은 작품을 표현하는 활동이 아니다. 영유아가 자연과 사물의 색, 모양, 선, 질감, 형태 등의 미술적 요소에 관심을 갖고 탐색하면서 자신이 발견하고, 느끼고, 생각한 것을 미술 재료를 이용하여 평면 혹은 입체물로 표현하고 감상하는 활동이다. 이에 유아교육기관에서는 미술교육을 위해 미술활동 계획하기, 실행 및 평가하기, 작품 전시하기의 과정을 거친다.

1) 계획하기

유아교육기관에서 이루어지는 미술활동은 두 가지 경우에 의해 시작된다.

▶ 영유아 계획에 의한 활동

첫 번째는 영유아의 흥미와 욕구에 의해 시작되는 미술활동이다. 영유아는 본능적으로 자신의 느낌과 생각을 표현하고자 하는 욕구를 가지고 있기에 스스로 미술활동을 계획하여 활동을 시작한다. 영유아가 스스로 계획한 미술활동은 주로 실내외 자유선택활동 시간에 미술영역에서 이루어지며, 활동은 개별적으로 이루어지기도 하고, 공통의 관심사를 가진 3~5명의 영유아가 함께 활동에 참여하기도 한다. 활동의 지속시간은 미술활동의 특성에 따라 차이가 있다. 일회적으로 이루어지기도 하고, 공동작업으로 발전된 경우에는 며칠 동안 지속되기도 한다.

▶ 교사 계획에 의한 활동

두 번째는 교사가 계획하고 준비하여 시작되는 미술활동이다. 교사가 계획한 미술활동은 영유아의 관심과 흥미, 발달, 생활주제, 계절 등을 고려하여 교사가 활동을 계획하고 준비하여 시작되는 미술활동이다. 교사가 계획한 미술활동은 자유선택활동이 시작되기 전, 교사가 활동을 소개하고 미술영역에 자료를 준비해 둠으로써 영유아가 선택하여 활동한다. 교사가 계획한 미술활동은 활동에 따라 개별적인 활동으로 이루어지도 하고, 집단활동으로 이루어지기도 한다.

표 4-6 미술활동 계획하기

구분	영유아 계획에 의한 미술활동	교사 계획에 의한 미술활동
동기	• 영유아의 흥미와 욕구에 의해 시작 • 영유아의 흥미와 욕구에 의한 자기 표현활동	• 교사의 계획에 의해 시작 • 영유아의 관심과 흥미, 발달, 생활주제, 계절 등을 고려한 활동
활동시간	• 실내외 자유선택활동 시간	• 실내외 자유선택활동 시간 • 하루 일과 중 집단활동 시간
활동유형	• 대부분 개별적인 활동으로 이루어짐 • 공동작업으로 발전 가능	• 활동에 따라 개별적인 활동, 협동 및 공동작업으로 이루어짐
활동 기간	• 개별적인 활동은 일회성 활동이 많음 • 공동작업으로 발전 시 지속시간 길어짐	• 활동에 따라 상이함

2) 실행 및 평가하기

미술활동은 자유선택활동 시간에 영유아가 개별적으로 선택하여 이루어지는 경우와 하루 일과 중 집단활동으로 실행되는 경우가 있다.

◀ 자유선택활동 시간에 실행되는 미술활동

자유선택활동 시간에 교사가 계획한 새로운 미술활동은 연령에 따라 차이는 있으나 주당 2~3개 정도 소개되며, 영유아가 선택하여 미술활동에 참여하므로 모든 영유아가 하지는 않는다. 새로운 미술활동에 참여를 원하지 않은 경우에는 미술영역에 비치되어 있는 자료를 이용하여 다른 미술활동을 할 수도 있다. 새로운 미술활동을 실행하기 위해서는 활동에 대한 소개가 선행되어야 한다. 새로운 미술활동 소개는 새로운 미술활동에 관심 갖게 하기, 미술재료 탐색하기, 활동방법 소개하기, 규칙 정하기, 활동 수행하기, 정리정돈하기, 평가하기 등의 과정을 거친다. 영유아가 미술활동을 하면 교사는 영유아를 관찰하며 발달과 흥미, 관심 정도를 파악하고, 영유아가 자신의 생각을 적극적, 창의적으로 표현할 수 있도록 도움을 주거나 정보를 제공하며, 친구와 협력하고 미술활동을 할 수 있도록 격려한다.

◀ 하루 일과 중 집단활동으로 실행하는 미술활동

하루 일과 중 집단활동으로 실행되는 미술활동에는 모든 영유아가 참여해야 하는 활동(예 : 친구 생일축하 그림 그리기, 주제 관련 현장학습 표상활동 등), 함께 했을 경우

문제가 발생하지 않는 활동(예 : 모자이크, 스크래치 등), 활동 소요시간이 일정한 활동 등이 있다. 그러나 영유아 발달특성과 흥미, 욕구를 무시할 수 있으므로 하루 일과 중 집단활동으로 미술활동을 실행하는 것보다 자유선택활동 시간에 개별적으로 영유아가 선택하여 미술활동에 참여하는 것이 바람직하다(이정환 외, 2007).

3) 작품 전시하기

작품 전시는 영유아의 작품을 유아교육기관의 실내외 공간에 전시함으로써 영유아가 작품의 소중함을 깨닫고, 소속감을 느끼도록 돕는다. 작품 전시는 현재 진행되고 있는 주제의 특성을 반영하여 영유아의 미술작품이 돋보이도록 전시하되 영유아의 눈높이에 맞추어 전시한다. 전시방법은 교사와 영유아가 함께 결정하며, 전시된 작품은 주제의 변화, 영유아의 흥미와 관심 등을 고려하여 정기적으로 교체한다.

표 4-7 미술활동 실행 및 평가하기

생활주제	가을과 열매	소주제	가을의 변화	소요시간	20분
활동목표	• 가을꽃의 모양에 관심을 갖는다. • 여러 가지 재활용품을 활용하여 꽃을 만든다.				
누리과정 관련 요소	• 예술경험 〉 예술적 표현하기 〉 미술활동으로 표현하기 〉 미술활동에 필요한 재료와 도구를 다양하게 사용한다. • 자연탐구 〉 수학적 탐구하기 〉 공간과 도형의 기초개념 알아보기 〉 기본 도형의 특성을 인식한다.				
창의 · 인성	• 창의성 : 성향적 요소–자율성 • 인지적 요소–사고의 확장				
준비물	가을 꽃 사진, 가을 꽃(구절초, 국화, 코스모스, 금목서 등), 여러 종류의 폐품(색 종이컵, 휴지속심, 테이프 심, 병뚜껑, 과일포장재 등), 빨대, 지끈, 가위, 유아용 안전 접착제, 면봉				
사진자료	 〈구절초〉	 〈국화〉	 〈코스모스〉	 〈금목서〉	

활동명	활동목표	활동내용	자료 및 유의점
도입 (5분)	가을꽃을 관찰하며 관심을 갖는다.	**1. 새로운 미술활동에 관심 갖게 하기** **① 가을동산 나들이에서 본 가을꽃을 회상한다.** – 지난 가을동산 나들이에서 본 가을꽃은 어떤 것이었니? 그 꽃의 색은 무엇이었니? – 그 꽃은 어떤 모양이었니? **② 가을꽃 사진과 가을꽃을 보여 주며 생김새를 관찰한다.** 시진을 보니 꽃은 어떤 특징이 있니? – 꽃을 가까이에서 직접 살펴보니 어떠니? – 꽃잎의 모양은 어떠니? – 꽃잎 가운데 있는 것은 무엇일까? **③ 활동을 소개한다.** – 오늘은 우리가 가을동산 나들이에서 본 가을꽃을 직접 만들어 볼 거야.	가을동산에서 본 가을꽃 사진, 가을꽃

전개 (20분)	여러 가지 재활용품을 활용하여 꽃을 만든다.	**2. 미술 재료 탐색하기** ④ 준비한 재료를 탐색한다. – 선생님이 가을꽃 만들기를 위해 여러 가지 재료를 준비했는데 어떤 것들이 있는지 살펴보자. – 이 재료는 무엇이니? 어떤 모양이니?	여러 종류의 폐품
	여러 가지 미술재료와 도구를 적절하게 선택하여 사용한다. 자신의 생각과 느낌을 미술작품으로 표현한다.	**3. 활동방법 소개하기** ⑤ 활동방법에 대해 알려준다. – 이 재료를 사용해서 가을꽃의 어떤 부분을 표현할 수 있을까? **4. 활동 규칙 정하기** ⑥ 안전한 미술활동을 위해 약속을 정한다. – 우리가 즐겁고 안전한 미술활동을 하려면 어떤 약속을 정해야 할까? – 가위를 사용할 때 어떻게 해야 할까? ⑦ 자유선택활동이 끝나는 시간을 알려준다. – 오늘은 시계의 긴 바늘이 10(50분)을 가리키면 선생님이 정리하라고 말해줄 거야. 시계를 보면서 활동을 하자. **5. 미술활동 수행하기** ⑧ 미술영역에서 가을꽃 만들기 활동을 한다. – 만들고 싶은 꽃은 무엇이니? – 만들고 싶은 꽃에 어울리는 재료는 어떤 것일까? ⑨ 다양한 방법으로 가을꽃을 만들 수 있도록 상호작용한다. – 어떤 재료로 꽃잎을 표현할 수 있을까? – 휴지속심을 가위로 가르면 어떤 모양이 될까? **6. 정리 정돈하기** ⑩ 정리정돈 시간을 알려주고 정리한다. – 완성한 작품과 아직 완성하지 못한 작품은 어디에 둘까? – 이 자료는 어디에 보관해야 할까?	(색종이컵, 휴지속심, 테이프심, 병뚜껑, 과일포장재 등) 빨대, 지끈, 가위, 유아용 안전 접착제, 면봉

마무리 (5분)	자신의 작품을 소개한다. 친구의 이야기에 주의를 기울여 듣는다.	**7. 평가하기** ⑪ 완성된 작품을 보며 이야기 나눈다. – 오늘 만든 가을꽃을 앞에 나와 친구들에게 보여줄 친구 있니? – 네가 만든 꽃은 어떤 꽃이니? – ㅇㅇ는 무엇을 사용해서 가을꽃을 만들었니? – ㅇㅇ는 만든 가을꽃의 어떤 점이 마음에 드니? – 오늘 활동을 하면서 어떤 점이 기억에 남았니? – 완성한 꽃을 어떻게 전시할까?	

문제

1. 다음의 괄호에 알맞은 말을 골라 넣으시오.

보기) 미술사, 미적 요소, 순환적, 적극적, 표현, 탐색, 평가, 감상

① 학문에 기초한 미술교육의 네 가지 내용영역은 미술작품 제작, 미학, (   ), 미술비평을 포함한다.

② 레지오 에밀리아 프로젝트 접근법의 핵심은 (   ) 표상활동이다.

③ (   )은/는 자연과 사물에 잠재된 아름다움을 발견하고, 적극적으로 찾는 것이며, (   )은/는 자신의 느낌과 생각을 자발적 · 창의적으로 표현하는 것이고, (   )은/는 표현된 작품이나 자연의 아름다움을 인식하고 이해하는 것이다.

2. 다음 문장이 옳으면 O, 틀리면 X표 하시오.

① 유아교육기관에서 통합적 미술교육이 이루어지기 위해서는 생활경험과의 통합, 교과와의 통합, 활동과 영역 간의 통합이 실행되어야 한다. (   )

② 탐색, 표현, 감상은 독립된 활동으로 순차적으로 이루어지게 미술활동을 실행한다. (   )

③ 하루 일과 중 집단활동으로 미술활동을 실행하는 것보다 자유선택활동 시간에 개별적으로 영유아가 선택하여 미술활동에 참여하는 것이 바람직하다. (   )

제5장

영유아 미술교육을 위한 교사의 자질과 역할

활동 목표

1. 영유아 미술 지도를 위한 교사의 자질을 서술할 수 있다.
2. 영유아 미술 지도를 위한 교사의 역할을 서술할 수 있다.
3. 영유아 미술 지도 시 관찰자, 계획자, 환경 제공자, 동기 유발자, 상호작용자로서의 역할을 수행할 수 있다.

제5장

영유아 미술교육을 위한 교사의 자질과 역할

1. 미술교육을 위한 교사의 자질

자질이란 '타고나 성품이나 소질', '어떤 분야의 일에 대한 능력이나 실력의 정도'를 의미한다(표준국어대사전, 2017). 미술교육을 위하여 교사는 영유아가 자연과 사물에 대해 주의를 기울이고 반응하면서 아름다움을 발견할 수 있도록 도와주고, 다양한 미술활동을 통해 자신의 생각을 창의적으로 표현하고 감상할 수 있도록 안내하고 도울 수 있는 자질이 요구된다. 그러나 자질은 한순간에 완성되지 않는다. 지속적인 미술활동경험과 반성적 사고를 통해 자질을 키워야 한다. 영유아 미술교육에서 교사에게 요구되는 자질을 살펴보면 다음과 같다(유영옥, 2008 ; 유희정, 2017 ; 하정연, 김용환, 백정이, 2015).

1) 미술활동 수행에 필요한 전문적 지식과 예술적 감각을 갖추어야 한다

◀ 영유아 미술교육을 위한 교사의 자질

교사가 미술교육을 효과적으로 수행하기 위해서는 무엇보다도 미술교육에 대한 관심과 긍정적인 태도, 미술교수에 대한 자신감과 유능감을 가져야 한다(지성애, 김성현, 2014). 이에 미술교육을 위해 교사는 스스로 미술에 관심을 갖고,

미술을 직접 경험함으로써 풍요로운 예술적 감각을 길러야 하며, 영유아의 미술발달 단계, 교수방법에 대한 전문적인 지식과 기술을 갖추어야 한다.

✲ 미술활동 지도에 대한 교사 사례 ①

유아교사들도 어느 정도 미술에 대한 이론 및 기술을 갖춘 전문적 능력이 필요한 시대가 온 거죠. 전하고는 달리 미술활동에서 아이들의 수준이나 요구가 다양하고 보다 새로운 미술활동을 요구하거든요. 종종 미술활동을 진행하면서 제가 미술에 대한 이해가 부족하다보니 다양한 활동을 수행하는 데 한계를 느낄 때가 있었어요. 이런 실정에서 당연히 우리 교사들은 미술에 대한 교사 재교육이나 새로운 연수 프로그램을 필요로 하죠.

(교사 개인면담, 2008. 11. 16)

출처 : 유영옥(2009)

2) 영유아의 흥미, 관심, 요구, 경험, 발달특성을 존중해야 한다

영유아를 위한 미술교육은 영유아 중심이어야 하며 그들의 흥미와 관심, 요구, 경험, 발달에 적합해야 함은 필수적이다(Mayesky, 2004). 영유아의 흥미와 관심, 요구, 경험, 발달을 완전하게 알지 못하고는 그들의 창의적 활동을 적절하게 자극하지 못한다. 따라서 교사는 영유아의 흥미와 관심, 요구, 경험의 유무 등을 고려하여 발달에 알맞은 재료와 미술활동을 제공해야 한다.

3) 영유아 이해를 위해 공감능력을 갖추어야 한다

미술은 가르치는 것이 아니라 능력을 발휘시켜 줌과 동시에 감성을 살리는 교육이다. 이에 교사는 영유아가 어떠한 생각을 하는지 무엇을 원하는지 듣고, 그들의 생각을 공감할 수 있는 능력을 가져야 한다. 영유아의 활동에 대한 적절하고도 진심 어린 교사의 공감은 영유아의 사고와 경험을 확장시켜 자발적이고 풍부한 미술활동을 가능하게 한다.

✻ 미술활동 지도에 대한 교사 사례 ❷

유아들이 색종이를 이용하여 눈이 오는 날을 표현하는 활동을 하고 있다.
유아 : 선생님 다 했어요. 눈이 많이 와서 눈사람을 만들고 싶어요.
그래서 눈사람을 그렸어요.
교사 : 그래. 그랬구나!
교사 : 정리하자.

(수업관찰, 2006. 10. 24)

출처 : 유수경, 박선미(2008)

위 사례에서 교사는 유아가 자발적으로 그림에 대한 이야기를 하려고 하는 시도를 "그래, 그랬구나! 정리하자!"라는 말로 중단시켰다. 교사는 "무엇을 그렸니?", "이건 뭐야?" 등의 1차적인 질문과 확산적 사고를 촉진하는 질문을 통해 영유아가 자신의 느낌이나 생각을 보다 효과적으로 표현할 수 있도록 이끌어 주어야 한다.

4) 영유아의 반응에 민감하고, 수용적인 태도를 갖추어야 한다

영유아가 흥미를 갖고 새로운 방법으로 자신의 생각을 표현할 때, 교사는 미리 계획된 교육활동에 의존하지 않고 상황에 맞게 교육활동을 변형, 확장할 수 있어야 한다. 영유아의 독창적인 시도나 작품에 대한 교사의 민감하고 수용적인 반응은 영유아의 창의성발달과 긍정적인 자아개념 형성에 도움을 준다.

✻ 미술활동 지도에 대한 사례3 ❸

은희 : 난 미술을 잘 못하는데…. 선생님, 돌멩이에다가 그림을 그려도 되나요?
교사 : 그럼, 그림을 그려도 되고 붙여도 돼요.
선희 : 선생님, 돌맹이를 붙이고 싶은데 어떻게 해요?
교사 : (선희에게 다가가) 어떤 모양으로 할 건데?
선희 : (작은 돌멩이에 길쭉한 돌멩이를 붙여 보이며) 인어공주를 만들고 싶어요.

(수업관찰, 2008. 9. 8)

출처 : 함영숙, 유영옥(2009)

5) 영유아의 미술활동을 지켜보고 기다려주는 인내심을 갖추어야 한다

영유아의 미술적 기능 및 능력이 성장하는 데에는 성인의 생각보다 많은 시간이 필요하다. 따라서 교사는 성급하게 영유아에게 원하는 능력을 기대하고 재촉하기보다는 그들이 충분히 탐색하여 자신의 생각을 자연스럽게 표현할 수 있도록 허용적이고 편안한 분위기를 조성해 주어야 한다.

✻ 미술활동 지도에 대한 사례 ❹

결과물이 있다는 것은 그것을 학부모님께 활동의 결과물로 제시를 해야 한다는 부담을 느끼는 것과 연결이 되는 부분이에요. 그래서 반드시 시간 내에 완성을 해야 한다는 부담을 가지게 되는 것 같아요. 그리고 그렇다 보니까 아이들 작품을 완성할 수 있도록 작품에 손을 대어 도와주는 경우도 생기게 되고…. 아이들이 마음껏 표현할 수 있도록 넉넉하게 기다려 주지도 못하는 것 같고….

(교사 개인면담, 2006. 12. 17)

출처 : 유수경, 박선미(2008)

6) 교수방법을 끊임없이 반성하고 개선해 나가는 태도를 갖추어야 한다

영유아가 미술활동에 참여하는 과정이나 결과물을 보며 교사는 자신의 교수방법을 되돌아보아야 한다. 허용적인 분위기, 풍부한 자료, 동기유발, 흥미와 발달 고려, 민감한 반응과 확산적 발문 등을 점검하며 교사는 영유아에게 의미 있는 미술활동이 이루어질 수 있도록 끊임없이 반성적 사고를 해야 한다.

미술활동 지도에 대한 사례 ❺

아이들의 창의성을 키우는 것은 교사의 발문이라는 생각이에요. 교사가 미술수업에서 어떻게 발문하느냐에 따라 아이들의 표현은 상당히 달라지기도 하고, 좀 더 나은 표현으로 발전할 수 있거든요.

(교사 개인면담, 2007. 11. 20)

출처 : 유영옥(2008)

2 미술교육을 위한 교사의 역할

미술은 영유아가 세상에 대하여 학습하고, 자신의 생각과 느낌을 표현하는 수단인과 동시에 의사소통의 한 방법이다. 더불어 인지, 정서, 사회, 신체발달 등 전인발달을 증진시키기 위한 매개로 활용되고 있다(지성애, 김성현, 2014). 이러한 맥락에서 국가수준 교육과정인 표준보육과정과 누리과정에서는 예술경험 영역에서 미술교육의 가치를 인정하고, 미술활동 지도를 위한 지침 및 유의점, 연령별 활동 예시를 제시함으로써 유아교육현장에서 체계적으로 미술활동이 이루어질 수 있도록 하고 있다. 영유아의 미술을 지도하는 교사의 역할을 살펴보면 다음과 같다.

1) 관찰자로서의 교사

영유아의 흥미와 관심, 경험, 발달특성을 고려하지 않고 제공되는 미술활동은 영유아에게는 좌절감, 교사에게는 무능력감을 안겨줄 수 있다. 특히, 영아의 경우 개인차가 크게 나타나 끼적거리기가 가능한 영아가 있는가 하면, 아직 크레파스, 색연필을 잡으려고 시도하지 않는 영아도 있다. 따라서 교사는 영유아의 흥미와 관심, 경험, 발달특성을 지속적으로 관찰, 평가하여 미술활동을 제공해야 한다(이소은, 권기남, 2011).

다음은 미술활동계획 전, 영유아의 발달특성 이해가 선행되어야 함을 보여주는 사례이다.

✲ 영유아 미술지도에서 관찰의 중요성

아이들의 수준이나 난이도를 조절해서 제공하는데, 아이들이 기대치에 미치지 못하면 다음번에 제시할 때 그것보다 조금 더 낮게 제시하고, 발달하면 그것보다 높은 수준을 제시해요. 아무래도 교사의 기대치, '그 연령이면 어느 정도 하겠다.'라는 부분이 맞아 떨어지지 못할 때가 있는데, 그런 부분을 캐치하기가 어렵죠.

(교사 개인면담, 2009. 1. 19)

출처 : 한현화, 윤선영, 김남연(2009)

표 5-1 발달에 적합한 미술활동과 부적합한 미술활동

연령	적합한 활동	부적합한 활동
0~1세	• 안전한 미술자료를 제시한다. • 다양한 미술자료를 자유롭게 탐색하고 조작해 볼 수 있도록 한다. • 쥐어보고, 누르고, 던지고, 뜯어보고, 문지르고, 비벼보는 등 소근육을 사용하는 방법으로 질감 놀이를 격려한다.	• 결과물에 초점을 둔다.

2세	• 주변에서 쉽게 접할 수 있는 자료(밀가루 반죽, 크레파스, 색연필, 풀 등)를 활용하여 미술활동을 쉽게 즐기는 기회를 제공한다. • 자료를 자발적으로 선택하도록 한다. • 끼적거린 자신의 그림이나 조형물에 이름을 붙이도록 한다.	• 결과물을 만들도록 강조한다. • 다른 작품을 그대로 따라 하게 하거나 모방하도록 교사가 지도한다.
3~4세	• 자연과 사물을 직접 보고 만지는 경험을 통하여 미술적 요소에 관심을 갖도록 한다. • 다양한 방법으로 자신의 생각과 느낌을 자유롭게 표현하도록 한다.	• 미술활동 시간을 제한한다. • 성인의 작품을 모방하도록 한다. • 교사가 지시하는 대로 하도록 한다.
5세	• 미적인 요소(색, 질감, 양, 공간 등)들을 자유롭게 실험하고 비교하며 조합하도록 한다. • 주위 환경이나 조형물 등에서 사물이나 인물이 놓인 상하, 좌우, 원근, 여백 등의 공간감을 탐색한다. • 다양한 자료를 활용하여 세밀하고 창의적으로 표현하도록 한다.	

출처 : 교육과학기술부, 보건복지부(2013), 보건복지부(2013)

2) 계획자로서의 교사

교사는 효율적인 미술활동 운영을 위해 계획을 세우는 역할을 한다. 영유아 미술활동을 계획할 때는 영유아의 발달수준, 흥미와 관심, 국가수준교육과정 등을 기초로 하여 개별과 협동, 자유선택과 대·소집단 활동, 표현기법의 균형을 고려해야 한다.

다음은 유아교육기관에서 영유아 미술활동을 계획할 때 고려해야 할 사항이다(이정환, 김희진, 2007).

◂ 미술활동계획 시 고려사항

• **영유아의 연령, 발달수순, 활동 시점을 고려하여 활동의 난이도와 수준을 결정한다.**

미술활동을 계획할 때에는 같은 표현기법의 미술활동이라도 연령에 따라 활동목표나 도구의 난이도를 조절하여 계획할 수 있다(표 5-2 참조). 또한 영유아기는 개인차가 크게 나타나므로 한 활동 내에서도 개인차를 고려하여 활동방법을 1, 2수준으로 계획하여 모든 영유아가 미술활동에 참여할 수 있도록 배려한다.

표 5-2 연령에 따라 난이도를 조절한 미술활동의 예

구분	3세	4세	5세
데칼코마니	• 목표 : 기준선을 중심으로 접었다 폈을 때 양쪽으로 완전히 겹치는 그림 관찰하기	• 목표 : 기준선을 중심으로 대칭을 이루는 도형 및 색의 변화 관찰하기	• 목표 : 두 겹으로 접거나 다른 종이를 그 위에 겹쳐 압착했다가 떼어냈을 때 원하는 도형이나 색의 혼합이 이루어지도록 물감 짜기
안개그림	• 자료 : 체를 잡는 것이 어려우므로 분무기 사용하기 • 목표 : 물감이 퍼지는 것 관찰하기	• 자료 : 체를 뒤집어 놓고 활동하기 • 목표 : 안개 그림이 잘 나오도록 본을 고려하여 물감 뿌리기	• 자료 : 다양한 체와 긁는 도구 사용하기 • 목표 : 한번 물감 뿌리기를 한 후 다른 본이나 물감으로 겹쳐 물감 뿌리기

출처 : 이정환, 김희진(2007)

연간 계획안을 작성할 때에는 1학기와 2학기 미술활동의 난이도를 잘 조절한다. 〈표 5-3〉은 활동시점에 따라 난이도를 조절한 판화활동에 대한 사례이다.

표 5-3 활동시점에 따라 난이도를 조절한 미술활동의 예

구분	1학기		2학기	
생활주제	봄	우리 동네	우리나라	겨울
시기	3~4월	6월	9월	12월
미술활동	봄꽃 나무판화 (볼록판화)	동전 베껴내기 (평판화)	우리 탈 스텐실 (공판화)	밤 하늘 스텐실 (공판화)

출처 : 이정환, 김희진(2007)

• 연령 간 활동내용과 수준이 겹치지 않도록 교사들끼리 토론하여 미술활동을 계획한다.

유아교육기관에서 교사들은 연간계획안을 작성할 때, 활동의 난이도를 고려하여 연령별로 안배하고, 여러 번 반복하는 것이 의미 있는 활동은 각 연령별로 난이도를 조절하여 활동하도록 한다.

• 생활주제와 미술활동이 조화를 이루도록 계획한다.

진행되는 생활주제나 프로젝트의 전개방식에 따라 미술활동을 계획해야 한다. 〈표 5-4〉는 생활주제의 소주제와 연관하여 계획된 미술활동에 대한 사례이다.

표 5-4 생활주제 전개방식에 따른 미술활동의 예

생활주제	기계와 생활			
소주제	편리한 생활 도구	우리 주변의 기계	우리는 발명가	미래의 생활
미술활동	다양한 모양의 가위로 오린 패턴으로 꾸미기	재활용품 이용하여 가전제품 만들기	• 더하기 발명 • 발명품 설계도 그리기	• 나에게 필요한 로봇 • 미래도시 디오라마 만들기

출처 : 교육과학기술부, 보건복지부(2013)

• 탐색, 표현, 감상이 통합적으로 이루어지도록 계획한다.

유아교육기관에서는 탐색이나 감상보다는 표현활동이 두드러지게 많이 이루어진다(유수경, 박선미, 2008). 그러나 미술활동은 탐색, 표현, 감상이 서로 분리되었을 때가 아니라 서로 통합되었을 때 완전해진다. 예를 들면, '비 오는 날 그리기' 미술활동을 위해 빗속을 걸어보고, 웅덩이에 신발을 넣어보며, 손바닥에 떨어지는 빗방울을 느껴보는 탐색활동과 비 오는 날 사진이나 동영상, 명화 감상 활동은 영유아의 표현을 풍요롭게 한다.

• 미술 활동이 한 종류로 편중되지 않도록 한다.

개별과 협동, 자유선택과 대 · 소집단활동이 균형을 이루도록 활동을 계획한다.

- 표현기법의 다양성, 도구의 다양성을 고려하여 계획한다.

한 주제 안에 표현기법(그리기, 찢기, 자르기, 붙이기, 찍기, 빚기와 만들기 등)과 도구(크레파스, 물감, 도화지, 사포, 스펀지, 필름, 실, 점토, 색모래, 폐품, 자연물 등)가 고르게 배치되도록 한다.

3) 환경 제공자로서의 교사

영유아가 편안하고 쾌적하게 미술활동을 할 수 있는 환경을 만들어 주는 것은 교사의 기본적인 역할이다. 이에 교사는 영유아가 심미적 아름다움을 느끼고, 창의적인 표현을 즐기며 감상할 수 있는 환경을 제공해야 한다.

▶ 미술영역의 공간 구성

미술영역은 조용하고, 밝은 곳이 좋으며, 물을 사용할 수 있는 공간과 가까이 배치해야 한다. 미술영역은 다양한 표현활동을 위한 재료와 재료 보관을 위한 공간, 작업활동을 위한 공간, 완성된 작품을 전시할 수 있는 공간, 미술과 관련된 교구나 명화 등을 전시할 수 있는 공간으로 구성한다(이정욱, 임수진, 2010).

미술영역의 재료보관을 위한 공간은 영유아가 재료와 도구를 쉽게 찾아 사용할 수 있도록 접근성을 고려하여 배치하며, 미술 재료와 도구는 안전성을 주의 깊게 살펴 제시해야 한다.

작업활동을 위한 공간의 바닥 표면은 물을 흘렸을 때 쉽게 닦을 수 있는 재료로 설비하며, 마른 수건, 종이 수건, 스펀지, 비닐 가운 등을 구비하여 쉽게 정리할 수 있도록 한다.

완성된 작품을 전시할 수 있는 공간에는 영유아가 손쉽게 자신의 작품을 전시할 수 있도록 전시공간을 확보해 두어 붙이거나, 매달아 작품을 전시할 수 있도록 한다.

미술과 관련된 교구나 명화 전시 공간에는 미술작품(예 : 도자기, 조각품, 유명화가의 작품 복사본, 교사나 부모의 작품), 자연물(예 : 식물, 나뭇잎, 돌), 인쇄물(예 : 포스터, 잡지, 사진, 달력), 영상자료 등을 전시하여 영유아가 교실 내에서 아름다움을 느끼고, 미적 감각을 기를 수 있도록 이끈다.

4) 동기 유발자로서의 교사

교사는 영유아가 흥미를 갖고 미술활동에 참여하도록 동기를 유발하는 역할을 한다. 미술활동에 대한 동기유발을 위하여 교사는 영유아에게 재료를 탐색하도록 하거나, 미술활동에 필요한 작업을 돕기 위해 경험담을 나누기도 한다(최현미, 문무경, 2007). 또한 영유아와 함께 미술활동을 할 때 열의를 가지고 즐겁게 미술활동에 참여하며(이정욱, 임수진, 2010), 다양한 표현기법을 소개하여 영유아로 하여금 미술활동을 해 보고 싶은 욕구가 생기도록 한다.

영유아가 흥미를 가지고 미술활동에 참여하도록 돕는 동기유발방법을 살펴보면 다음과 같다.

◀ 동기유발 방법

- **교사 스스로 미술활동 자체를 즐긴다.**

영유아 미술교육에서 중요한 것은 활동의 결과물보다 참여하는 과정이다. 미술활동과정 중에 교사는 영유아가 흥미를 가지고 자연과 사물의 아름다움을 느끼며, 자신의 생각을 자유롭게 표현하는 것을 즐기도록 지도해야 한다. 이러한 과정 중심의 지도를 위해 교사는 유아와 함께 미술활동을 할 때 흥미를 갖고 즐겁게 해야 한다.

- **영유아에게 직접 다양한 미술 재료나 도구를 조작하는 모습을 보여 준다.**

미술 재료와 도구의 성질 및 특징을 잘 이해하지 못하면 다양한 기법을 적용하지 못하게 된다. 교사가 미술 재료나 도구를 조작하는 모습은 영유아들의 관심, 동기를 유발한다. 예를 들어, 색모래의 특징을 말로 설명하는 것보다 직접 색모래를 이용해 미술활동을 하는 모습을 보여 주는 것이 효과적이다.

- **영유아에게 새로운 표현기법을 소개한다.**

미술활동을 시작하는 단계에 교사는 새로운 기법이나 기술을 순서대로 설명하거나 직접 시범을 보여 줌으로써 영유아의 흥미를 유발할 수 있다. 단, 교사가 완성한 작품을 보여 주는 것은 영유아의 창의성발달에 부정적 영향을 줄 수 있기 때문에 유의해야 한다.

▶ Seefeldt의 동기유발 유형

시펠트(Seefeldt, 1995)는 동기유발에는 경험적 동기유발과 심리적 동기유발이 있다고 하였다. 미술활동에서 경험적 동기유발이란 영유아가 생각하고 느끼고 경험한 것이 미술활동을 하고자 하는 긍정적인 힘으로 작용한다는 것이다(예 : 즐거웠던 봄 나들이). 심리적 동기유발은 미술활동을 하면서 영유아가 갖게 되는 심리적 안정감, 편안함, 자신감, 자유로움, 호기심, 압박감 등이 미술활동의 동기로 작용한다는 것이다. 영유아가 미술활동을 하면서 즐거움, 만족감을 경험했다면 이는 미술활동에 대한 긍정적인 힘으로 작용하여 미술활동에 대한 욕구를 강화시킨다(우수경, 이성희, 이현정, 최미화, 김현자, 김기예, 2016에서 재인용).

다음은 미술 재료의 새로운 부분을 탐색하고, 자신의 생각을 자유롭게 표현할 수 있는 분위기가 영유아의 심리적 동기가 된 사례이다.

✻ 영유아 미술 지도에서 동기유발의 사례

책상에는 두꺼운 과일상자를 자 모양으로 잘라 놓은 것과 6개의 스탬프가 준비되어 있다. 과일상자를 자른 부분의 단면은 구멍이 송송 뚫려 마치 그물망 같은 모양이다.

교사 : 이게 뭘까?(과일상자를 자처럼 길게 잘라 놓은 부분을 보여 준다)
유아 : 막대기
교사 : 막대기 같애?(가까이 앉은 유아에게 건네준다) 만져보세요.
영호 : (교사에게 건네받은 것을 살핀다) 구멍이 뻥뻥 뚫어졌네.
기철 : 어디 봐. 지그재그 구멍이다.

유아들이 영호 주변으로 몰려 자세히 본다.
교사 : 이건 선생님이 두꺼운 상자를 자른거야. 이쪽은 평평한데 옆면은 어떠니?
기철 : 울퉁불퉁해요.
교사 : 만져보면 어때?
영호 : 상자부분은 맨질맨질하고 잘라진 데는 거칠거칠해요.
기철 : 아~ 저걸로 도장 찍을 거죠?(스탬프를 손으로 가리킨다)

(수업관찰, 2005. 4)

출처 : 최현미, 문무경(2007)

5) 상호작용자로서의 교사

성인의 개입은 영유아가 자신의 생각을 창의적으로 표현하는 데 장애가 된다는 신념으로 인해 많은 교사들이 미술 지도에 방임적인 태도를 취하고 있다(이정욱, 임수진, 2010). 그러나 교사는 항상 영유아의 반응을 잘 관찰하며, 주의 깊게 듣고, 이에 알맞은 상호작용을 하여 영유아의 미술활동을 격려하고 촉진하기 위해 상호작용자로서의 역할을 수행해야 한다.

◀ 발달을 고려한 상호작용

미술활동을 위한 상호작용은 발달특성을 고려해야 한다(이원영, 임경애, 김정미, 강유진, 2015). 영아에게는 일상생활 속의 아름다움을 탐색하고 찾아보는 언어적 상호작용을 해야 하며, 어휘는 쉬운 것을 골라야 하고, 문장은 짧아야 한다. 예를 들어, 「물로 끼적여요」 활동을 하며 교사는 "물통 안에 물이 들어 있구나. ○○가 붓을 물통에 푹 담갔네.", "붓에서 물이 뚝뚝 떨어지지요?"와 같이 영아의 행위와 재료의 변화를 구체적인 언어로 묘사해준다. 유아에게는 미술의 요소 및 미술의 원리와 관련 있는 내용들을 자주 사용하면서 언어적 상호작용을 해야 한다. 예를 들어, 「내가 만든 전통 무늬」 활동을 하며 교사는 "이 무늬는 어떤 것과 비슷한가요?", "구름과 비슷한 무늬는 어떤 것인가요?", "이 무늬의 이름은 무엇으로 할까요?"와 같이 미술적 요소인 색, 모양, 질감, 공간을 탐색하고 표현할 수 있도록 상호작용한다.

◀ 언어적 상호작용방법

영유아의 미술능력발달에 도움이 되는 언어적 상호작용방법을 살펴보면 다음과 같다(이원영, 임경애, 김정미, 강유진, 2015 ; 이정욱, 임수진, 2010; 허정선, 김용희, 백경이, 2015).

- 영유아가 일상생활 속에서 미적 요소를 찾도록 도와준다.

교사는 일상생활 중 영유아가 자연, 사물을 자세히 살펴볼 수 있도록 미적 요소를 나타내는 용어(예 : 선, 색, 모양, 질감, 공간 등)를 사용하여 상호작용한다. 처음에는 생소하게 느껴지지만 점차 익숙해지면 자연, 사물을 더 자세히 보게 될 뿐 아니라 미적 감각을 길러주어 정교하고 창의적인 미술 표현을 가능하게 한다.

예 나뭇잎 사이에 있는 노란색은 무엇일까? 어떤 모양이니?

상수리 잎과 플라타너스 잎은 어떻게 다르니?

- 영유아의 작품 속에 나타난 미적 요소를 찾도록 도와준다.

영유아의 작품 속에 나타난 선, 색, 모양, 질감, 공간에 대한 상호작용은 영유아 스스로 자신의 작품 속에 미적 요소가 어떻게 사용되고 있는지 깨닫게 함으로써 영유아의 미적 인식과 미적 잠재력을 발달시킨다.

예 여러 가지 색의 하늘을 보니 선생님은 하늘의 구름이 움직이는 것 같구나!
나무기둥에 박스 종이를 찢어 붙였구나!

- 영유아의 미술활동에 관심을 가지고 인정해준다.

영유아의 미술 활동 과정 중 교사의 관심과 인정은 미술능력을 최대한으로 발휘하게 해 준다. 미술활동과정 중에 교사의 미소 짓기, 눈 맞춤, 고개 끄덕여 주기와 같은 비언어적 반응과 영유아의 새로운 시도, 노력, 문제해결과정을 구체적으로 말해주는 것은 영유아로 하여금 미술적 발전 및 미술적 자아상의 긍정적인 영향을 준다.

예 힘들었을 텐데 꼼꼼하게 검은 쌀과 흰 쌀로 얼룩무늬를 만들었구나! (○)
잘했어. 멋있구나! (×) – 막연한 칭찬은 영유아의 미술활동을 격려하지 못함

- 영유아가 문제를 스스로 해결할 수 있도록 지원한다.

미술활동을 하는 과정 중 영유아는 많은 문제를 경험하게 된다. 예를 들어, 미술활동을 하면서 영유아는 '우유팩에 구멍은 어떻게 뚫는지', '종이상자 중앙에 나뭇가지 기둥은 어떻게 세우는지' 등의 문제로 작업을 완성하지 못한다. 교사는 영유아를 잘 관찰하고 그들의 의견을 경청한 후, 문제해결을 위한 방법을 생각하도록 격려하고 질문한다.

예 종이상자와 나뭇가지를 이용해 돛단배를 만들기
유아는 '종이상자를 뚫어 나뭇가지를 세우자'는 의견을 제시한다.

교사는 '배 중앙에 구멍이 생기면 종이상자 돛단배는 어떻게 될까?', '미술영역의 자료 중 나뭇가지를 세울 수 있는 자료를 찾아보자'는 의견을 제시한다.

유아들은 우드락 조각을 이용하여 나뭇가지를 세웠다.

- 영유아의 완성된 작품을 공유하고 감상한다.

개별 또는 모둠으로 앉아 완성된 작품을 소개하고 함께 감상하는 경험은 자기작품의 내용, 가치를 명확하게 깨닫게 하며, 다른 사람의 작품을 이해하는 데 도움을 준다. 또한 추후 미술활동에 대한 동기유발과 작품의 질을 높이는 데 영향을 준다.

예 오늘 미술활동은 어땠니? 네 작품에 대해 이야기해 주겠니? (○)

다음에는 어떤 미술작품을 만들고 싶니? (○)

우주선 만들었지? (×) – 속단하여 판단하는 말은 미술 표현의 자신감을 잃게 함

문제

1. 다음의 괄호에 알맞은 말을 골라 넣으시오.

> 보기) 칭찬, 공감, 반성적 사고, 평가, 사랑, 인내심

① 적절하고도 진심 어린 교사의 (　　　　)은/는 영유아의 사고와 경험을 확장시켜 자발적이고 풍부한 미술활동을 가능하게 한다.

② 교사는 끊임없는 (　　　　)을/를 통해 영유아에게 의미 있는 미술활동이 이루어질 수 있도록 한다.

③ 교사는 성급하게 영유아들에게 원하는 능력을 기대하고 재촉하기보다는 그들이 충분히 탐색하여 자신의 생각을 자연스럽게 표현할 수 있도록 (　　　　)을/를 갖는다.

2. 다음 문장이 옳으면 O, 틀리면 X표 하시오.

① 연령 간 활동내용이 겹치지 않도록 교사는 모든 미술활동을 다르게 계획한다. (　　)

② 미술관, 박물관 견학, 미술 전문가 초빙 등의 프로그램은 영유아에게 의미 있는 경험이 된다. (　　)

③ 막연하고 진심 없는 칭찬은 영유아에게 부정적인 영향을 준다. (　　)

제6장

영유아 미술교육을 위한 평가

활동 목표

1. 영유아 미술교육에서 평가의 개념을 정의할 수 있다.
2. 영유아 미술교육의 평가방법을 서술할 수 있다.
3. 영유아 미술교육의 평가방법을 적절히 적용할 수 있다.

영유아 미술교육을 위한 평가

1 미술교육의 평가방법

영유아를 이해하기 위하여 영유아의 작품을 관찰하고 평가하는 것은 큰 도움이 된다. 이는 작품을 통해 영유아의 전인적 발달을 이해할 수 있기 때문이다. 영유아 미술교육에서 평가의 대상은 완성된 결과뿐만 아니라 미술활동의 전 과정이다. 즉, 미술활동 전 과정에서 영유아가 좋아하는 것은 무엇이고 어려워하는 활동은 무엇이며, 교사와 영유아 혹은 영유아 간의 상호작용의 질은 어떠하고, 그 상호작용의 결과에 따라 미술활동이 어떻게 다른지 등이 모두 평가의 대상이 된다(이원영, 2015).

◀ 영유아 미술교육의 평가 대상

영유아를 평가하는 방법은 양적 접근방법과 질적 접근방법으로 나누어 볼 수 있다. 양적 접근방법은 평가 대상을 수량화하여 분석하는 평가 전략이고, 질적 접근방법은 평가 대상자들의 상호 주관적인 이해를 사실적으로 기술하여 해석하는 평가 전략이다. 평가의 타당성을 높이기 위해서 양적 접근방법과 질적 접근방법을 상호 보완적으로 이용하는 것이 바람직하다.

◀ 영유아 미술교육의 두 가지 평가방법

유아교육현장에서 많이 활용하고 있는 미술교육의 평가방법을 살펴보면 다음과 같다.

1) 관찰 평가

관찰은 일상생활 속에서 진행되는 자연스러운 행동을 연구하는 데 가장 적합한 방법으로, 유아교육사전에서는 관찰이란 '사물의 상태나 현상을 기존의 지식을 사용해서 주의 깊게 자세히 탐색하고 기술하는 활동'이다. 관찰 평가는 의사소통에 한계가 있는 영유아를 대상으로 하는 평가방법 중 가장 광범위하게 사용되는 방법으로 〈표 6-1〉과 같이 여러 가지 유형이 있다.

표 6-1 관찰 평가의 유형

구분	관찰평가
표본식 기술	미리 정한 어떤 기준에 따라 관련된 행동이나 사건 내용을 기록하고 그것이 일어나게 된 환경적 배경을 상세하게 이야기하는 형식의 관찰평가방법
일화기록	한 가지 행동이나 상황에 초점을 맞추어 상세하게 기록하는 방법
평정척도법	연속성이 있는 어떤 행동의 차원 또는 영역에 대하여 수량화된 점수를 부과하여 평가하는 방법
시간표집법	관찰행동을 미리 선정하여 정해진 시간 동안 일정한 시간간격을 두고 여러 차례 관찰하여 그 결과를 기록하는 방법
사건표집법	단순히 어떤 행동의 유무만을 관찰하기보다는 행동의 순서를 자세하게 기술하는 방법
행동목록법	관찰할 행동의 목록을 사전에 만들어 놓고 관찰하면서 해당되는 행동이 나타날 때마다 체크로 표기하는 방법

출처 : 전남련, 황연옥, 이혜배, 강은숙, 권경미(2009)

영유아 미술교육에서 관찰법은 입체작품에서 나타나는 특별한 표현이나 평면작품에서 나타난 특징을 월별 또는 학기별로 개별적 · 지속적으로 기록하여 영유아의 개성이나 작품의 특징, 변화과정을 파악하는 것을 말한다.

다음은 관찰 평가 중 유아교육현장에서 가장 광범위하게 사용되고 있는 일화기록과 평정척도법에 대해 살펴보았다.

(1) 일화기록

일화기록의 장점

일화기록은 특정한 양식 없이 영유아에게 일어난 행동을 사실적으로 기술하는 방법으로, 영유아의 언어나 행동을 집중적으로 관찰함으로써 좀 더 명확하고 분명하게 그때의 상황을 기록으로 남길 수 있다는 특징을 가지고 있다. 또한 사전 준비나 계획 없이도 진행할 수 있으며, 여러 번에 걸쳐 관찰된 일화기록은 영유아의 독특한 발달 패턴, 행동 변화, 흥미, 능력의 성장 등을 정확하게 이해할 수 있게 한다.

일화기록의 한계점

이러한 일화기록의 장점에도 불구하고 한계점이 있다. 관찰자의 주관적 평가이므로 신뢰도와 타당도가 떨어진다. 따라서 교사는 많은 시간과 노력을 기울여 미술활동에 대한 명확한 평가기준을 세워 영유아를 관찰하고 기록하여야 한다. 관찰내용을 기록할 때에는 관찰날짜와 시간, 기록날짜와 시간, 관찰대상 영유아의 이름, 사건의 상황, 관련되는 발달영역 등을 객관적으로 서술하며, 관찰자의 의견을 기록할 경우에는 별도의 항목을 만들어 따로 기록한다. 영유아의 미술작품에 대한 평가는 창의성, 표현기술, 태도, 지식, 이해력, 감상능력 등 세부적인 평가기준을 마련하고 평가기준에 근거하여 기술하며, 특이사항 및 영유아의 발달과 성장 정도를 종합적으로 평가한다. 즉, 미술수업 전 과정에서 무엇을 즐거워하고 어려워하는지, 미술활동과정에서 어떠한 대화를 나누는지, 대화의 결과에 따라 작품이 어떻게 달라지는지 등을 잘 관찰하고 기록하여 평가에 반영한다.

표 6-2 일화기록 관찰양식

일화기록 관찰양식					
관찰 영유아		관찰일자		관찰시간	
관찰자		관찰장소		관련 발달영역	
기록					
종합의견					

(2) 평정척도법

평정척도법은 절대 평가방법 중의 하나로 관찰에서 얻은 자료를 수량화하기 위해 고안된 방법이다. 평정척도법은 관찰과 동시에 행할 수 없으며 충분히 관찰한 후에 그 결과를 요약하는 수단으로 사용된다. 관찰 대상 영유아의 어떤 행동 특성이나 내용, 능력 등을 미리 정해진 범주에 따라 평가할 때 사용되는 관찰도구이므로 관찰자는 사전에 관찰하려는 행동영역에 대해 미리 알고 있어야 한다(전남련, 황연옥, 이혜배, 강은숙, 권경미, 2009).

이러한 평정척도법을 사용할 때, 평가자는 관찰하고자 하는 행동영역의 준거를 정하고 준거에 따라 평가해야 한다. 영유아 미술교육에서 평정척도로 평가할 수 있는 준거에는 미술재료의 적절한 사용 및 숙련의 정도, 미술재료의 정리 능력, 미술활동에 대한 흥미도, 집중력, 친구와의 협력 정도 등이 있다. 일정한 시간을 주기로 지속적으로 평정척도에 의한 평가를 할 경우, 개별 영유아의 발달 양상과 과정을 알 수 있다.

영유아 미술교육에서 유용하게 활용될 수 있는 미술활동 평가 도구의 예는 〈표 6-3〉~〈표 6-7〉과 같다.

표 6-3 숫자평정척도-미술활동 유형별 평가표

구분	내용	3~4월			5~6월			9~10월			11~12월		
		상	중	하	상	중	하	상	중	하	상	중	하
평면 작업	• 창의적 상상력이 풍부한가? • 자기표현은 충분한가? • 색 · 형 등에 민감한가? • 그리는 것을 즐거워하는가? • 관찰력은 풍부한가? • 자유롭게 그려져 있는가? • 거리낌 없이 대담하게 표현되어 있는가? • 주의집중을 잘 하는가? • 내용이 풍부한가? • 개성적 이미지, 기법, 재료 면에서 변화가 있는가? • 생명력이 깃들여 있는가? • 스스로 창의적으로 하는가? • 표현기능이 다양한가? • 장난은 심하지 않은가? • 끝까지 완성시키는 즐거움은 있는가?												
입체 작업	• 미술적 요소감각은 어떠한가? • 재료를 잘 다루는가? • 자신의 개성을 나타내는가? • 꾸미는 감각은 예민한가? • 꾸밈의 아름다움을 아는가? • 생활과 관련짓는 모습이 나타나는가? • 즐거워하며 만드는가? • 재료의 성질을 파악하고 이용하려 하는가? • 만들려는 의욕은 어떠한가? • 창의력이 엿보이는가? • 각종 도구에 대한 사용능력은 어떠한가? • 끝까지 완성하려는 인내력은 보이는가?												
공동 작업	• 공동작업은 하려 하는가? • 상대방의 의견을 존중하는가? • 자기가 맡은 부분에 충실한 태도를 보이는가?												
교사의 종합 의견													

출처 : 박화윤(2001)

표 6-4 숫자평정척도–미술표현 능력 평정척도

문항	평가 관점	평점 점수				
		1	2	3	4	5
1	유아는 주제를 창의적으로 표현했는가?					
2	유아는 무엇을 그리고자 했는지를 잘 나타내고 있는가?					
3	선택한 재료의 특징을 이해하고 적절하게 활용하였는가?					
4	디자인을 창의적으로 구사하였는가?					
5	유아는 여러 가지 기법을 활용하는 융통성을 보였는가?					
6	배색은 잘 되었는가?					
7	전체적인 구도가 안정적인가?					
8	유아의 작품이 생동감이 있는가?					
9	유아는 세부적인 묘사를 하였는가?					

출처 : 정미경(1999)

표 6-5 기술평정척도–그림 표현능력 평가를 위한 평가표

평가항목	점수	평가 관점
기본도형과 선의 병합	5	• 선과 기본도형의 병합이 다양하게 변화되어 정교함
	4	• 선과 기본도형의 병합이 단순하게 나타남
	3	• 선과 기본도형의 병합 없이 각기 따로 나타남
	2	• 선과 선 사이의 연결이 나타나지만 기본 도형은 나타나지 않음
	1	• 단순한 선으로만 나타남
다양한 색채	5	• 9가지 이상의 색채 사용
	4	• 6~8가지 색채 사용
	3	• 4~5가지 색채 사용
	2	• 2~3가지 색채 사용
	1	• 1가지 색채 사용
세부적 묘사	5	• 전체적으로 세밀하게 묘사함
	4	• 전체 중 반 이상을 세부적으로 묘사함
	3	• 특정한 한 부분만을 세부적으로 묘사함
	2	• 형체의 기본 특징만을 묘사함
	1	• 자세히 표현된 부분이 거의 없이 형체를 확인할 수 없음
조화로운 구성	5	• 전체적으로 조화를 이룸
	4	• 전체의 2/3 정도가 조화를 이룸
	3	• 부분적으로 조화를 이룸
	2	• 전체의 1/4 정도가 조화를 이룸
	1	• 전혀 조화롭지 못함

다양한 형체	5	• 형체가 7가지 이상 나타남
	4	• 형체가 5~6가지 나타남
	3	• 형체가 4가지 나타남
	2	• 형체가 3가지 나타남
	1	• 형체가 1~2가지 나타남
주제 관련 표상	5	• 주제와 연관된 소재가 분명하게 나타남
	4	• 주제 관련 형체들이 연관되어 나타남
	3	• 주제 관련 형체들이 각각 독립되어 있음
	2	• 주제 관련 형체가 나타남
	1	• 주제 관련 표상이 전혀 나타나지 않음
표상의 창의성	5	• 주제에 관련된 상상적인 표현이 뛰어남
	4	• 표현이 매우 독특함
	3	• 내용 중에 독창적인 표현이 있음
	2	• 형체 중 일부분을 독특하게 표현함
	1	• 사물 그대로를 표현하려고 함
그림의 완성	5	• 전체적으로 색을 칠해 그림을 거의 완성함
	4	• 전체 중 절반 이상을 색칠함
	3	• 형체의 일부분만 색칠함
	2	• 형체는 있으나 색칠을 하지 않음
	1	• 형체를 완성하지 못하고 색칠도 하지 않음

출처 : 김영혜(2005)

표 6-6 시간표집법-영유아 미술영역 방문 관찰표의 예

미술영역 방문 횟수					
영유아 이름	○ ○ ○		관찰기간		
	월	화	수	목	금
10:00 ~ 10:10					
10:10 ~ 10:20	/	/		/	
10:20 ~ 10:30	/	/	/	/	/
10:30 ~ 10:40	/		/	/	/
10:40 ~ 10:50			/	/	
종합의견	○ ○ ○는 미술영역에 매일 방문하였다.				

출처 : 이원영, 임경애, 김정미, 강유진(2015). 유아미술교육

표 6-7 행동목록-영유아 미술 평가를 위한 관찰표의 예

미술활동 유형 표집 관찰					
영유아 이름	○○○		관찰기간		
	평면그리기	물감 그림	점토	콜라주	협동화
월	//				
화					
수	/				
목			/		
금	/				
종합의견	○○○는 평면 그리기 활동을 즐겨하며, 새로운 유형의 미술활동이나 친구들과 협력하는 협동화 그리기 활동에 참여하지 않는 경향이 있다.				

출처 : 이원영, 임경애, 김정미, 강유진(2015). 유아미술교육

2) 포트폴리오 평가

(1) 포트폴리오 평가

포트폴리오는 미술, 음악, 사진, 건축 등 예술 분야에서 사용되어 온 평가방법으로 예술가들이 자신의 기술과 작품들을 모으는 것에서 비롯되었다.

▶ 포트폴리오 평가의 자료

영유아의 지식, 기술, 태도의 발달과 성장과정을 파악하기 위해서 사용되는 포트폴리오에 포함되는 자료는 다양하다. 영유아의 활동 결과물, 활동과정 중 촬영한 사진과 동영상, 평정 척도, 체계적 관찰에 의한 체크리스트와 일화기록, 그리고 영유아와의 개별 면담 및 부모와의 면담자료 등이 포트폴리오의 자료에 포함된다.

▶ 포트폴리오 평가의 특징

유아교육기관에서 포트폴리오는 단순히 영유아의 미술작품이나 기록물을 모아둔 파일 그 이상의 의미를 가진다. 체계적으로 수집된 자료는 영유아들의 발달과 성장과정을 살펴볼 수 있는 중요한 자료가 되기 때문이다. 포트폴리오의 자료는 일회적으로 특정 시점에 수집하기보다는 영유아의 성장과정을 볼 수 있도록 시간의 흐름에 따라 자료가 누적되도록 수집하는 것이 바람직하다. 이에

포트폴리오 평가방법은 결과보다는 '과정 중심의 평가방법'이라 한다. 또한 포트폴리오 평가방법은 교사의 일방적인 평가가 아닌 교사와 영유아 모두의 참여를 요구하는 '협동적인 평가방법'이다. 영유아가 미술작품과 기록물을 모으고, 정리하는 과정에 직접 참여하므로 영유아는 호기심을 갖고 미술활동에 적극적으로 참여하게 되며, 교사는 영유아의 미술활동과정과 활동의 결과물을 정확하게 이해하여 영유아의 장 · 단점과 특성을 명확히 파악하게 된다. 앞에서 살펴본 포트폴리오의 특징을 정리하면 다음과 같다.

- 포트폴리오는 오랜 시간에 걸쳐 영유아의 성장과 발달을 나타내는 평가 도구이다. 이에 하루아침에 만들어지거나 이용될 수 없다.
- 포트폴리오는 교사와 영유아에게 그들의 작품에 대한 평가와 반성적 사고를 할 수 있는 기회를 준다.
- 포트폴리오에 포함될 작품과 구성방법은 영유아가 직접 선택할 수 있도록 기회를 준다.
- 포트폴리오는 미술활동에 호기심과 동기를 부여하며, 보다 열정적으로 미술활동에 참여할 수 있도록 돕는다.
- 포트폴리오는 영유아의 성장과 잠재력을 이끌어 낼 수 있다.

◀ 포트폴리오 평가의 자료 수집

포트폴리오 평가를 위한 자료 수집 시 고려사항을 정리하면 다음과 같다.

- 자료 수집의 순서는 여러 가지 방법이 있다. 단, 선정된 자료 수집 목적에 맞게 포트폴리오에 넣을 작품, 결과물, 사진, 동영상들을 수집한다. 이때 작품은 원본이 아니어도 상관없으므로 사진이나 복사본, 스캐너 등을 활용한다.
  - 예 자료 수집의 순서 : 미술활동별(평면/입체, 표현기법 등), 주제별(봄, 동물, 식물, 교통기관 등)로 자료 수집, 영유아의 개별활동/대 · 소집단으로 구분하여 자료 수집
- 자료 수집은 체계적으로 한다. 포트폴리오 내용을 목차별로 정리하여 자료 수집 날짜, 자료 형태 등이 중복되지 않고 균형 있게 수집한다.

- 자료 수집이 목적이 되어서는 안 된다. 교사는 영유아가 편안한 환경에서 미술활동을 하고, 자연스럽게 관찰되며, 그 결과물이 수집되도록 해야 한다.
- 자료를 수집할 때에는 완성도가 높은 작품뿐 아니라 영유아의 발달과정과 성취를 나타낼 수 있는 완성도가 낮은 작품도 포함한다.
- 교사는 수집한 자료에 활동한 날짜, 주제, 작품명, 상황 등을 기록한다.
- 영유아 스스로 자신의 작품을 평가해 볼 수 있도록 돕는다. 영유아의 손이 닿는 곳에 영유아의 개인 파일, 상자, 보관함 등을 비치하여 스스로 자신을 평가할 수 있도록 한다.

2017.10.30

물감으로 낙엽 찍기 한 것을 오리고 붙이기
나무 느낌으로 색상지 찢어붙이기

2017.11.07

아름다운 분수대 그림을 감상하고
분수대 그리기

2017.11.20

하트 모양 모자이크처럼 색칠하기
반짝이 색종이 오려서 꾸미기

2017.12.7

눈오는 밤하늘 표현하기
검은 색 도화지에 흰색 크레파스로 배경을 그리고
스티커로 눈, 별 장식하기

그림 6-1 포트폴리오 자료 수집의 예

사진 출처 : 포르테몬테소리 어린이집

(2) 전자 포트폴리오 평가

포트폴리오 평가가 여러 측면에서 가치가 있고 효과적임에도 불구하고 현장에서는 포트폴리오를 구성하는 데 많은 시간 및 비용 소요와 보관할 수 있는 공간 부족으로 어려움을 호소한다. 이에 문서 중심의 포트폴리오의 단점을 보완하여 웹 사이트를 활용한 전자 포트폴리오가 활용되고 있다.

전자 포트폴리오는 전자 테크놀로지와 포트폴리오가 통합된 것을 의미하는 것으로 컴퓨터를 활용하여 영유아의 작품을 보관하고, 평가를 위해 재구성, 목록화가 용이한 포트폴리오 평가방법이다. 전자 포트폴리오는 영유아의 활동 모습이나 결과물을 스캐너, 디지털 카메라 등을 이용해 디지털화한 것으로, 최근 인터넷과 웹(world wideweb)의 급속한 발전과 보급으로 인해 활용 가능성이 증대되고 있다.

전자 포트폴리오의 특징을 구체적으로 살펴보면 다음과 같다.

◀ 전자 포트폴리오 평가의 특징

- 영유아의 작품 공유가 용이하다. 영유아의 작품을 디지털로 저장하므로 부모뿐 아니라 또래, 동료 교사, 그리고 전문가와 영유아의 작품을 공유할 수 있다. 예를 들어, 유아교육기관에서 홈페이지, 블로그, 카페 등을 운영한다면 영유아의 미술활동, 작품 공유가 용이하여 학부모의 관심과 참여를 이끌어 낼 수 있다.
- 영유아의 작품에 대한 접근성이 뛰어나다. 원하는 시간, 원하는 장소에서 수시로 접근할 수 있고 영유아도 자신의 작품을 수시로 볼 수 있으므로 자신의 작품에 대한 애착과 책임감을 가질 수 있고 자연스럽게 반성적 사고의 기회를 갖게 된다.
- 영유아의 작품을 정리하기 쉽다. 영유아의 미술활동을 연대순으로 정리하기 쉬우며, 시간의 흐름에 따른 영유아의 발달과정을 관찰할 수 있다.
- 작품을 보관할 공간의 제약이 없다. 입체물도 디지털화하여 다량의 작품을 간편하게 저장할 수 있다.
- 영유아가 포트폴리오에 참여할 수 있다. 영유아가 멀티미디어 포트폴리오를

구성에 참여함으로써 포트폴리오에 대해 주인의식을 가질 수 있다. 또한 자연스럽게 컴퓨터에 관심을 갖게 한다.

- 다양한 형태의 자료를 활용한 영유아 평가를 가능하게 한다. 전자 포트폴리오는 일반 문서, 평면작품, 만들기 작품, 비디오 자료, 오디오 자료 등 다양한 형태의 자료를 저장하고, 저장된 자료를 손쉽게 활용할 수 있도록 한다.

이와 같이 전자 포트폴리오는 문서 중심의 포트폴리오의 단점을 보완하고, 학부모와의 소통을 원활하게 하며, 영유아의 참여를 이끌어 자신의 작품에 대한 책임감을 길러준다는 점에서 새로운 대안으로 제시되고 있다(김혜진, 2009)

그림 6-2 전자포트폴리오의 예 – 동영상

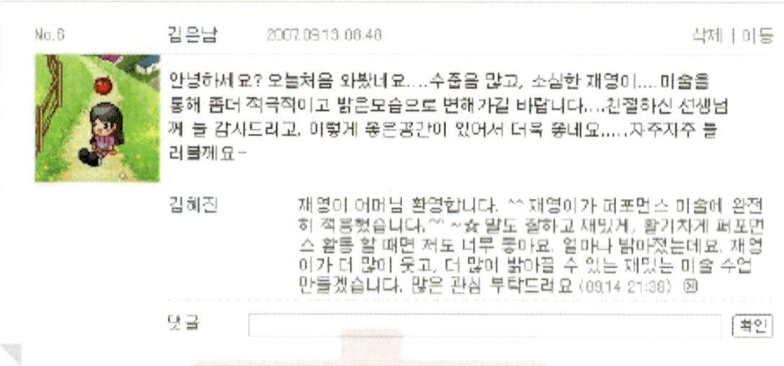

그림 6-3 전자포트폴리오의 예 – 피드백

출처 : 김혜진(2009)

2 미술교육에 대한 평가

영유아 미술교육을 위해 교사는 미술활동의 전반적인 과정, 즉 미술활동에 대한 계획, 전개, 평가의 과정에 대하여 평가가 이루어져야 한다. 자신에 대한 평가는 소홀해지기 쉬운 부분으로 교사 스스로 영유아 미술활동 지도 후, 미술교육의 목적, 영유아발달, 흥미의 적합성, 미술자료와 도구의 적합성, 교사의 상호작용, 평가 및 감상 등에 대해 세심한 평가가 이루어져야 할 부분이다. 영유아 미술교육 운영에 대한 평가 도구의 예는 〈표 6-8〉, 〈표 6-9〉와 같다.

표 6-8 미술활동 수업에 대한 평가항목

순서	평가 문항
1	미술활동의 교육목적은 이루어졌는가?
2	영유아는 미술활동에 흥미를 보였는가?
3	영유아가 미술활동에 즐겁게 참여하였는가?
4	미술자료나 도구의 사용에 어려움은 없었는가?
5	• 어떤 점에 무리가 있는가? • 자료가 부족한가? • 자류의 특성, 직적인 면에 문제가 있는가? • 지료와 도구가 발달수주에 적합하지 않은가?

표 6-9 미술교육의 건강과 안전 체크리스트

구분	평가 항목	예	아니오
환경	이 영역은 먼지나 더러움이 덜 타고 치우기 쉬운가?		
	바닥은 깨끗하며, 미끄러지거나 넘어지지 않도록 건조한가?		
	자료들이 떨어지거나 발에 걸리거나 하는 것을 방지할 수 있도록 설비(예 : 몰딩 처리된 전기 코드)가 이루어졌는가?		
	적절하게 환기(예 : 신선한 공기, 열린 창문, 팬)가 되는가?		
	조명은 적절한가?		
	보호 장치(예 : 마스크, 장갑, 눈 보호대)를 사용하고 있는가?		
	안전에 대한 규칙(예 : 미술 도구를 무기로 사용하지 않기, 달리지 않기)이 게시되었는가?		
	긴급 조치와 독극물 관리센터의 번호가 게시되어 있는가?		
교재 제공과 보관	영유아가 손쉽게 독립적으로 사용할 수 있도록 교재를 보관하고 있는가?		
	교사의 감독이 필요한 교재는 잠겨진 보관함에 보관하고 있는가?		
건강과 안전의 실제	활동계획 시 건강과 안전에 대한 부분이 고려되고 있는가?		
	영유아에게 활동 설명 시 건강과 안전의 문제를 포함하고 있는가?		
	안전과 건강에 대해 영유아가 배웠다는 증거(예 : 손을 씻는 것에 대한 포스터 같은 그림 상징)가 있는가?		
	영유아가 사용하는 재료와 설비는 정기적으로 점검되고 있는가?		
교수 실제	교사는 영유아의 연령과 개인차를 고려한 활동을 센스 있게 선정(예 : 크림(cream)으로 '그림을 그리는' 것은 걸음마기 영유아에게 적합하지 않다. 왜냐하면 걸음마기 영유아는 그것을 맛보려고 하거나 크림을 만진 손으로 눈을 비빌 수 있기 때문이다)하고 있는가?		
	영유아에게 도구를 바르게 사용하는 방법을 가르치는가?		
	교사는 환경적 유해물질과 유해물질의 피해를 알고 있는가? 교사는 미술용품의 등급(예 : 비독성, Art and Craft Materials institute의 AP/Approved Product 또는 CP/Certified Product)을 알고 있으며 위험성 있는 값싼 손질제품의 사용을 자제하는가?		
	명확한 규칙과 절차(예 : 가위를 다루고, 도구를 나누어주거나 걷는 등의 과정에서 장난치지 않는다)가 있는가?		
	교사는 피부를 통한 섭취, 흡입 또는 흡수에 따른 잠재적 위험을 인식하고 있는가?		

특별한 요구	교사는 영유아의 알레르기, 화학자극에 대한 민감성, 호흡기적 문제, 소근육이나 대근육장애 등에 대한 정보를 알고 있는가?		
	미술활동 계획 시 교사는 도구의 친숙함이나 손의 기민성과 같은 영유아의 특성을 신중히 고려하는가?		
	특별한 요구를 가진 영유아가 미술활동에 참여할 수 있도록 돕는 손쉬운 low-tech(예 : 장애영유아가 크레용을 잡기 편하도록 고무스펀지를 부착시켜주는 것)와 high-tech(예 : 의사소통이 어려운 장애영유아를 위한 음성출력 의사소통도구)의 보조를 사용하는 증거가 있는가?		
교사의 지식	점토의 60%가 화학성분인 실리카(이산화규소)로 구성되어 있어, 만약 점토 먼지가 날린다면 호흡기 문제를 악화시키거나 장기간 노출된다면 폐질환까지 야기시킬 수 있음을 알고 있는가?		
	미술활동 재료로 자주 사용되는 가루와 혼합물(소맥분, 콘스타치, 안료의 회반죽) 등을 흡입하게 되면, 갑자기 천식이 일어날 수도 있음을 알고 있는가?		
	영유아가 미술재료를 먹지는 않더라도, 미술재료를 만진 손을 입에 대거나 손톱을 물어뜯거나 미술 도구를 입에 넣어 무심코 섭취할 수 있음을 알고 있는가?		
	이전에는 완전히 무해하다고 믿었던 음식 염료들이 지금은 발암물질로 간주됨을 알고 있는가?		
	찰흙 점토는 알레르기나 감염을 유발할 수 있는 박테리아나 곰팡이를 포함할 수 있음을 알고 있는가?		
	염료, 페인트, 잉크 등의 미술재료는 눈을 비비거나 해서 영유아의 눈에 들어간다면 부종이나 염증을 일으킬 수 있음을 알고 있는가?		
	놀이 점토나 풀의 주성분은 밀가루이며 하얀 아교의 주성분은 우유이다. 따라서 만일 밀가루나 유제품에 알레르기를 가진 영유아가 이러한 성분의 물질을 섭취하면 증세가 악화될 수 있음을 알고 있는가?		

출처 : 심성경 외(2007)

문제

1. 다음의 괄호에 알맞은 말을 골라 넣으시오.

> 보기) 양적, 질적, 관찰, 포트폴리오

① 영유아를 평가하는 방법은 (A)방법과 (B)방법으로 나누어 볼 수 있다. A 방법은 평가 대상을 수량화하여 분석하는 평가 전략이고, B 방법은 평가 대상자들의 상호 주관적인 이해를 사실적으로 기술하여 해석하는 평가 전략이다.

② (　　　)는 미술, 음악, 사진, 건축 등 예술 분야에서 사용되어 온 방법으로 예술가들이 자신의 기술과 작품들을 모으는 방법에서 비롯되었다고 한다.

2. 다음의 문장이 옳으면 O, 틀리면 X표 하시오.

① 관찰기록은 교사 개인의 평가기준에 의한 것이므로 신뢰도와 타당도가 떨어진다는 단점이 있다. (　　)

② 기술척도법은 영유아에게 일어난 행동을 사실적으로 서술하기 때문에 영유아의 행동에 대한 여러 정보를 많이 제공해 줄 수 있다. (　　)

③ 포트폴리오 평가방법은 가르치고 배우는 과정에서 나오는 자연스러운 결과물로서 이러한 평가방법은 영유아에게 영향을 미치는 여러 가지 교육적 결정을 내릴 때 기초가 될 수 있다. (　　)

④ 포트폴리오에서 자료 수집은 어느 특정 시점에 수집하여 영유아의 미술능력을 평가하도록 한다. (　　)

제7장

영유아 미술교육을 위한 환경구성

활동 목표

1. 영유아 미술교육을 위한 환경구성의 중요성을 설명할 수 있다.
2. 영유아 미술교육을 위한 환경구성의 원리를 서술할 수 있다.
3. 영유아 미술교육에서 활용되는 다양한 미술 재료와 도구의 명칭과 용도를 알고 적절하게 사용할 수 있다.

제7장

영유아 미술교육을 위한 환경구성

1 영유아 미술교육을 위한 환경구성

교육환경은 교육과정의 효과적인 운영과 영유아의 발달을 촉진시키기 위한 필수적인 요소이다. 유치원이나 종일제로 운영되는 어린이집은 기관의 특성을 고려하여 최적의 환경을 구성하므로 영유아의 발달과 성장을 도모해야 한다. 효과적으로 구성된 환경은 영유아에게 편안함을 주며, 다양하고 풍부한 감각경험을 통하여 사물에 대한 지각능력을 기르고, 자신의 생각을 창의적으로 표현할 수 있도록 돕지만 바람직하지 못한 환경은 영유아에게 불안함을 주고 갈등, 공격성을 증가시키기도 한다. 일반적으로 고려해야 할 사항들은 다음과 같다.

- 발달적으로 적합한 공간

영유아기의 발달특성을 고려하고 개인차를 수용할 수 있는 공간이 되어야 한다.

- 교육과 양육이 복합된 공간

창의적인 놀이를 통해 교육적 경험이 이루어질 수 있는 공간과 가정과 같은 편안한 분위기의 공간이 공존하여야 한다. 특히, 최근에는 유아교육기관에서

지내는 시간이 증가하는 추세이므로 휴식공간과 같은 편안한 환경이 제공되어야 한다.

- 생활지도, 놀이 및 학습이 통합된 공간

영아의 경우 일상생활의 비중이 크도록 공간이 구성되어야 하고, 유아의 경우 생활지도, 놀이, 학습의 비중이 골고루 이루어질 수 있도록 공간이 구성되어야 한다.

흥미영역은 [그림 7-1]의 4개 영역으로 구분하여 구성된다. 즉, 동적 놀이와 정적 놀이, 조용한 놀이와 시끄러운 놀이, 물이 사용되는 놀이와 그렇지 않은 놀이를 구분하여 놀이 공간을 배치해야 한다(Frost, 1976).

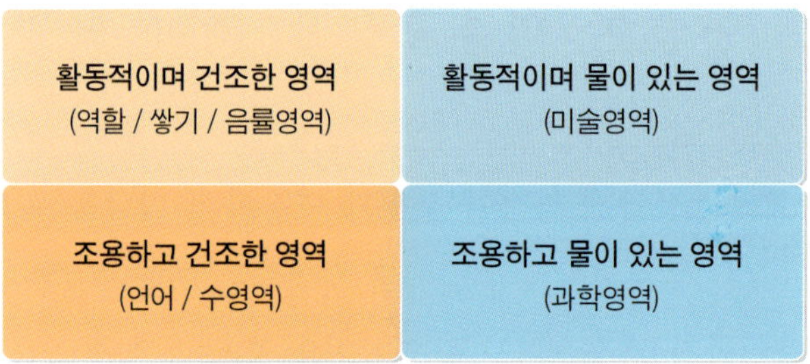

그림 7-1 흥미영역 구성 원리

[그림 7-2]는 유아교육기관의 흥미영역 배치도이다. 교실에서 미술영역은 감각적이면서 구체적인 활동이 이루어지는 영역으로 활동적이며 물이 있는 공간에 배치해야 한다. 또한 영유아의 능동적인 탐색, 표현, 감상활동이 이루어지도록 계절, 생활주제, 영유아의 발달에 맞게 체계적 · 지속적인 변화를 주어야 한다.

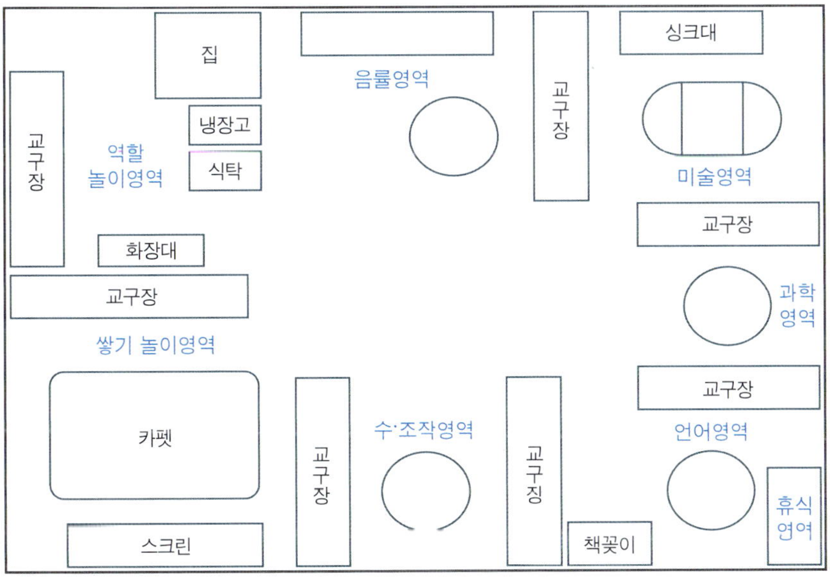

그림 7-2 흥미영역 구성의 예

그림 7-3 미술영역 구성

표 7-1 미술영역 환경 점검표

순서	미술환경
1	미술영역이 물을 사용하기 편한 위치에 있는가?
2	미술활동을 할 수 있도록 책상이 비치되어 있는가?
3	창의적인 미술활동이 이루어지도록 다양한 재료들이 구비되어 있는가?
4	영유아의 미술활동 작품을 전시할 공간이 마련되어 있는가?
5	미술작품이나 환경판 등이 영유아의 눈높이에 맞게 전시되어 있는가?
6	영아반의 경우 긁적거리기를 할 수 있도록 배려되고 있는가?

출처 : 심성경

1) 미술영역의 구성 원리

미술영역은 그리기, 만들기, 꾸미기 등과 같이 평면 및 입체작품을 만드는 창의적 표현활동 공간으로, 2차원적인 미술활동과 3차원적인 미술활동을 돕는 공간으로 구성하는 것이 바람직하다. 한두 가지 자료를 활용한 활동만을 계속 반복하기보다는 다양한 재료가 풍부하게 구비되어 있고 심리적으로 편안한 분위기의 환경이 제공되어야 영유아는 다양한 미술활동을 경험할 수 있다(교육부, 2000). 이에 교사는 미술영역을 매일 관리, 점검하여야 한다. 다양한 재료들의 제공은 영유아가 자신의 경험을 이미지로 표현하고 창조하도록 유도하기 때문이다(지성애, 2014). 미술영역 구성 시 고려해야 할 사항들을 정리하면 다음과 같다.

▶ 미술영역 구성 시 고려사항

- 독립적이고 자율적인 활동이 가능하도록 구성한다.

미술영역은 영유아가 자신의 생각이나 느낌을 다양한 매체를 이용하여 표현하고, 감상하는 영역이다. 활동 유형에 따라 물이 필요한 경우도 있으므로 물을 사용하기에 편리한 위치에 구성하며, 활동내용에 따라 조용하고 차분하게 진행되기도 하고 매우 시끄러운 활동으로 이루어질 수도 있으므로 독립적인 공간에 구성한다. 미술영역의 위치는 색깔을 선명하게 분별할 수 있도록 가급적 교실의 밝은 곳, 자연 채광이 비추는 곳에 배치하며, 공간의 크기는 교실의 크기, 인원수 등을 고려하여 책상 및 의자의 수를 조절한다.

그림 7-4 독립적으로 구성된 미술영역

- 연령별 발달특성을 고려하여 미술영역을 구성한다.

유아의 경우에는 실내 · 외에 미술영역을 구성하지만, 영아의 경우에는 보육실에 미술영역을 따로 두기보다는 탐색영역에 포함하여 구성한다.

표 7-2 연령별 미술영역 구성

연령	미술환경	
0세	벽면에 전지를 붙여두고 무독성 크레파스를 끈에 달아 고정시켜 영아가 자유롭게 끼적이거나 낙서할 수 있는 공간을 마련해둔다.	예 끈이 달려 있는 무독성 크레파스, 바닥이나 벽면에 부착된 전지
1세	• 벽면 혹은 유아용 이젤(플라스틱 소재) 등에 전지 혹은 스케치북 등을 붙여두고, 영아 수보다 넉넉하게 여러 색깔의 색연필을 끈으로 달아둔다. • 다양하게 낙서할 수 있는 공간을 마련해둔다. • 1세 후반부터는 안전가위를 사용할 수도 있으므로 다양한 종이류와 안전가위, 풀 등을 미술영역에 배치한다.	예 벽면에 부착된 전지, 스케치북, 플라스틱 소재의 영유아용 이젤, 화이트보드, 다양한 지류의 낙서판, 끈이 달려 있는 색연필, 수성펜, 안전가위, 두껍지 않은 다양한 지류(색종이, 색지 등), 풀 등
2세	• 2세반도 벽면에 전지를 붙여 자유롭게 끼적거리기를 할 수 있는 공간을 마련해둔다. • 미술활동을 좋아하는 시기이므로 창의적인 미술활동이 이루어질 수 있도록 다양한 자료를 제시한다.	예 벽면에 부착된 전지, 스케치북, 플라스틱 소재의 영유아용 이젤, 화이트보드, 다양한 지류의 낙서판, 재활용품, 잡지책, 테이프, 모루, 수수깡 등

3~5세	마음껏 탐색하고, 자신의 생각과 느낌을 적극적으로 표현하며, 서로의 작품을 감상할 수 있도록 공간을 구성한다.	예) 다양한 탐색(인쇄물, 자연물 등)과 표현(회화, 조소, 만들기, 꾸미기, 판화, 염색 등)활동 재료, 감상(작품, 자연물 등)활동 재료

그림 7-5 연령별 구분하여 준비된 미술영역

- 건강과 안전을 고려하여 미술영역을 구성한다.

미술영역의 책상 윗면은 두꺼운 비닐로 덮어주고 자주 갈아주며, 미술 재료가 담겨 있는 바구니는 수시로 청소하여 먼지가 쌓여 있지 않도록 한다. 재활용품은 세척하여 잘 말려 제공해주며, 자연물은 잘 관리하여 안전사고나 위생문제가 발생하지 않도록 주의를 기울인다.

입체작품을 만들 때 영유아가 가위, 목공용 본드, 테이프, 스테이플러 등을 안전하게 사용하도록 사용법을 잘 알려주고 올바르게 사용하도록 지도한다. 영아는 안전가위와 무독성 제품을 사용하도록 하며, 영유아가 있을 때 글루건은 사용하지 않는다. 영유아의 안전을 고려하여 할핀이나 압정 대신 스카치테이프나 자석, 집게 등을 사용한다.

- 다양한 미술 재료를 제공한다.

미술영역에는 그리기 도구(예 : 크레파스, 색연필 등)나 기본적인 미술 재료(예 : 색종이, 도화지 등)가 비치되어야 하며, 그 밖에 계절이나 생활주제에 따라 다양한 재료를 변화 있게 제공해야 한다. 계절이나 생활주제에 따라 참가되는 재료는 영유아의 관심을 이끌어 내거나 새로운 활동이 전개될 수 있도록 돕기 때문이다. 예를 들어, 우리나라 생활주제가 진행될 경우에는 먹물이나 한지 등의 재료를 제공하고, 과일 생활주제가 진행될 경우에는 지점토나 클레이를 제공하여 과일을 표현해볼 수 있도록 한다.

일상생활에서 친숙하게 볼 수 있는 다양한 재활용품(작은 상자, 우유팩, 요구르트통, 요플레통 등)을 위생적으로 처리한 후 미술영역에 제시한다. 재활용품을 이용한 미술활동은 영유아의 참신한 아이디어를 이끌어 낼 수 있다.

숲 체험이나 자연학습 활동을 통해 얻을 수 있는 자연물은 훌륭한 미술재료가 될 수 있다. 봄에 볼 수 있는 꽃잎, 여름의 조개껍질, 가을에 볼 수 있는 낙엽, 겨울에도 푸른 솔잎, 앙상한 나뭇가지 등을 교실에 비치해 주면 자연탐구와 함께 미술표현의 소재로 쓰여지게 한다.

그림 7-6 주제에 따라 활동 재료가 준비된 미술영역 교구장

- 영유아가 미술재료를 손쉽게 사용할 수 있도록 배치한다.

영유아가 필요한 재료를 스스로 꺼내어 활용한 후 스스로 정리할 수 있도록 미술자료를 비치한다. 재료를 쉽게 구분할 수 있도록 바구니를 나누어 담아두거나 바구니 앞에 사진이나 명칭을 붙여 효율적으로 관리되도록 한다. 미술영역의 바닥 표면은 물이나 물감을 흘렸을 때 영유아가 닦고 정리할 수 있도록 타일이나 모노륨과 같은 자재로 설비하는 것이 바람직하며, 영유아용 청소도구, 스펀지, 마른 수건 및 휴지 등을 항상 준비해 둔다.

그림 7-7 색연필 정리를 위해 비치된 색깔필통

그림 7-8 미술 재료 사진이 부착된 미술영역 교구장

그림 7-9 미술 재료를 바구니에 담아 분류하고 명명하여 정리한 미술영역 교구장

- 여럿이 함께 미술활동을 경험해 볼 수 있는 공간을 마련한다.

미술영역에서는 영유아 혼자 탐색과 표현활동을 즐길 수도 있지만 공동작품 활동이 이루어질 수 있다. 이에 적게는 2~3명, 많게는 5~6명의 영유아가 함께 미술활동을 할 수 있는 공간이 마련되어야 한다. 공동작품 활동은 실내뿐 아니라 실외에서도 일어날 수 있으므로 실외놀이터에 공동 미술활동 공간을 마련하는 것도 바람직하다.

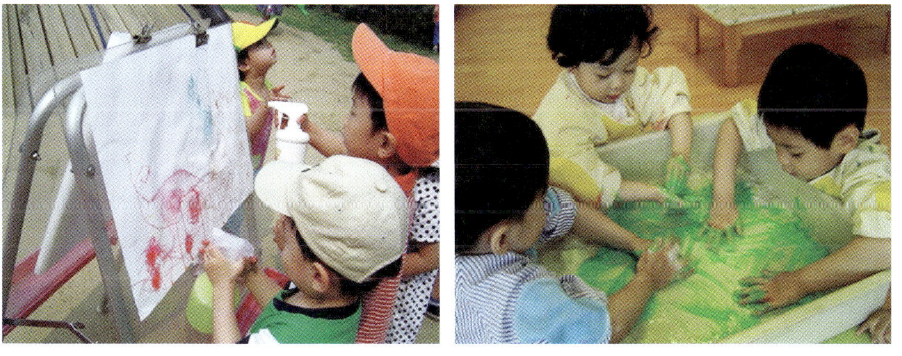

그림 7-10 실내외 공동 미술활동 공간

- 영유아의 작품을 전시할 수 있는 공간을 마련한다.

영유아는 전시되어 있는 자신과 다른 사람의 작품을 보며 미적 아름다움을 경험하게 되고, 서로의 생각과 느낌을 나누며 다른 사람을 이해하고 존중하는 태도를 배운다. 또한 영유아는 전시된 작품을 통해 자존감과 소속감, 만족감을 느낀다. 즉, 영유아의 작품을 전시하는 공간은 매우 의미 있는 공간이라고 할 수 있다.

미술영역의 작품전시는 미술영역 근처나 한쪽 벽면에 집게를 이용하여 수시로 작품을 바꾸어 걸어준다. 게시판은 교사의 솜씨로 꾸미기보다는 영유아의 작품이 돋보이도록 전시하는 것이 바람직하다. 게시판을 비롯한 모든 게시물의 높이는 영유아들의 눈높이에 맞도록 게시하여 게시물을 통한 상호작용이 자연스럽게 전개될 수 있도록 한다.

〈벽면을 활용한 작품 전시〉

〈건조대를 활용한 작품 전시〉

〈벽면에 집게를 이용한 작품 전시〉

그림 7-11 **영유아 작품 전시 사례**

2 미술활동을 위한 재료

1) 미술 재료 선정

미술영역에서 영유아의 호기심과 흥미를 이끌고 상상력과 창의성을 발달시키기 위해서는 다양한 재료를 제공해 주어야 한다. 영유아는 다양한 미술 재료를 통해 미술적 요소에 주의를 기울여 특징을 발견하고, 자신의 생각과 느낌을 표현하며 만족감과 자신감을 경험한다. 또한 자신과 다른 사람의 작품, 자연과 사물을 감상하며 풍부한 감성을 기르게 된다. 따라서 미술활동을 위한 재료는 영유아의 경험을 확장시키며 발달에 적합해야 하며, 충분한 양을 제공하고, 영유아가 손쉽게 사용할 수 있어야 한다(심성경 외, 2007).

영유아 미술활동을 위한 자료를 선택할 때 고려점을 살펴보면, 첫째, 미술재료는 영유아의 발달 수준에 맞아야 한다. 연령에 맞지 않게 너무 어려운 재료, 영유아 스스로 재료를 취급하기 곤란한 재료, 너무 크거나 작아 유아의 신체발달과 맞지 않는 재료는 가급적 제시하지 않는다.

둘째, 재료는 영유아의 흥미와 요구에 맞아야 한다. 아무리 좋은 재료라 하더라도 영유아의 흥미를 끌지 못하는 재료는 적합한 재료라고 할 수 없다. 영유아의 흥미와 요구에 적합한 재료는 영유아가 미술활동에 자발적으로 참여하게 한다.

셋째, 재료는 경제적이고 손쉽게 구할 수 있어야 한다. 비용이 너무 비싼 미술재료는 영유아의 충분한 탐색과 자유로운 표현활동에 부담을 줄 수 있다. 이에 주변에서 손쉽게 구할 수 있고 대량으로 구할 수 있는 재료는 영유아에게 친숙함과 친밀감을 주며, 능동적 · 창의적 표현을 가능하게 한다.

넷째, 재료는 다양하고 충분하게 제공하여야 한다. 영유아들이 보고 느끼고 만져보고 탐색할 수 있도록 다양하고 충분한 재료를 제공한다. 충분한 탐색과 표현이 이루어지는 미술활동은 영유아의 창의성 발달을 촉진한다.

2) 미술활동 재료의 종류

유아교육기관에서 영유아를 위한 미술활동에 사용되는 다양한 미술재료를 종이, 점토, 채색 재료, 꾸미기 재료, 미술 도구로 나누어 살펴보고자 한다.

(1) 종이류

미술활동의 가장 기본적인 재료 중의 하나가 종이이다. 일반적으로 크기, 색깔, 두께, 질감, 광택 등에 따라 〈표 7-3〉과 같이 구분된다.

표 7-3 미술영역의 종이류

도화지	색종이	셀로판지	색골판지

모래종이	미농지	OHP 필름	허니컴 종이

한지	주름지	아트지	구김지

영유아를 위한 미술활동에서 영유아들의 흥미를 유발하며 다양하고 창의적인 표현활동이 일어나게 하기 위해서는 스케치북이나 도화지와 같은 종이를 반복적으로 제시하기보다는 다양한 크기, 색깔, 두께, 질감, 광택의 종이를 여러 형태의 종이로 잘라 제시하여 영유아가 스스로 선택하여 사용할 수 있도록 하는 것이 좋다.

(2) 점토류

점토는 영유아가 매우 좋아하는 미술재료로서 다루기 쉽고, 여러 가지 모양으로 변형이 가능하며, 정서적 긴장감을 해소시켜준다는 장점을 가지고 있다. 점토를 활용한 미술활동은 영유아의 스트레스 해소뿐 아니라 상상력을 발휘하여 3차원적인 미술작품 활동과 대 · 소근육발달을 돕는 유용한 활동이다.

표 7-4 미술영역의 점토류

		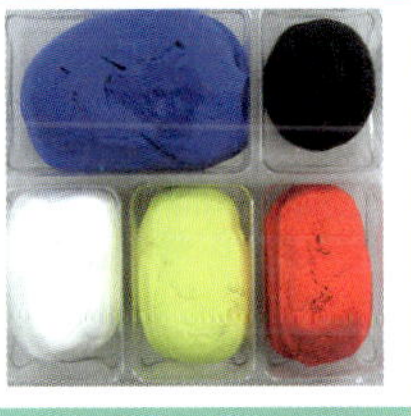	
밀가루 점토	지점토	클레이	폼클레이

고무찰흙	도예찰흙	석고가루	점토놀이용구

(3) 채색 및 선묘 재료

채색 및 선묘를 위해 사용되는 재료는 매우 다양하다. 색연필은 끄적거리기 단계의 영아들에게는 잡기 쉬우므로 사용하기 적당하고, 크레파스는 물감처럼 여러 도구가 필요하지 않고 종이 외에도 돌멩이, 모래종이, 헝겊, 나무 플라스틱 등에도 그림을 그리거나 채색할 수 있는 특징이 있어 영유아가 사용하기 용이하다. 사인펜이나 매직도 사용법이 간단하여 유아들에게 적합한 그리기 도구가 된다. 파스텔은 부드러워서 채색이 용이하고 손가락으로 문지르면 독특한 분위기를 느낄 수 있으며, 물감은 아크릴 물감, 핑거페인트, 도트물감, 마블링 물감 등 여러 종류가 있으므로 용도에 따라 잘 선택하여 사용하도록 한다.

표 7-5 미술영역의 채색 및 선묘재료

		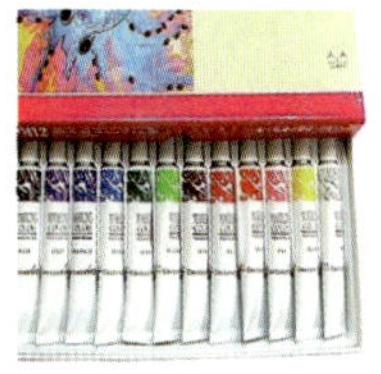	
수채화물감	도트물감	마블링 물감	스테인드글라스 물감

아크릴 물감	핑거페인트 물감	유성매직	파스텔

(4) 꾸미기 재료

만 2세 정도가 되면 다양한 꾸미기 활동이 가능한데, 다양한 형태, 질감, 색깔을 표현하기 위해 여러 재료가 충분히 제시되는 것이 좋다. 특히, 영유아는 탐색활동을 통해 미술활동을 시작하게 되므로 여러 종류의 꾸미기 재료들을 탐색하면서 창의적인 표현활동이 일어나게 된다. 교사는 영유아가 사용하기 편리하도록 내용물이 보이는 용기에 분류하여 놓은 후 영유아가 찾기 쉽도록 용기에 재료의 명칭이나 사진을 부착하여 둔다.

표 7-6 미술영역의 꾸미기 재료

EVA	띠골판지	마사천	펠트지

눈알 스티커

색모래

타일

색종이컵

깃털

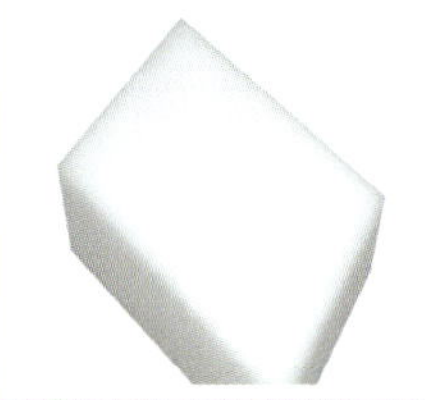
스펀지

백업

수수깡

스티로폼 공

위키스틱

비즈

미니 컬러발

플레이콘

폼폼

빨대

투명반구

색종이접시

색테이프

하드스틱

방울

표 7-7 미술영역의 끈류

		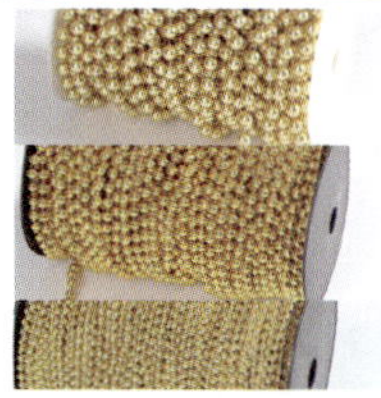	
털실	마끈	장식줄	낚시줄

빵끈	지끈	와이어	모루

표 7-8 미술영역의 자연물

나뭇가지	나무조각	나뭇잎	작은 돌

솔방울, 잣방울	조개껍질	낙엽	도토리

(5) 도구류

영유아의 미술활동을 돕는 기본적인 도구들을 미술영역에 배치하여 활용하도록 한다. 영유아가 미술 도구를 안전하고 손쉽게 사용하도록 사용법을 잘 알려주고 창의적인 표현활동을 하는 데 도움을 주도록 한다.

표 7-9 미술영역의 도구류

	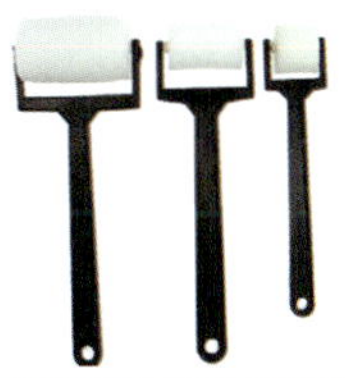		
스펀지 도장	롤러	붓	핑킹가위
			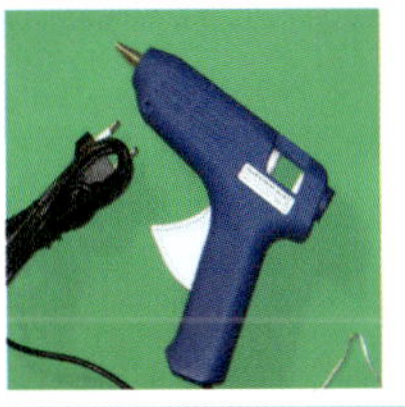
모양펀치	무독성 목공 본드	모양자	글루건

문제

1. 다음의 괄호에 알맞은 말을 골라 넣으시오.

① 최근 유아교육기관은 종일반의 증가로 교육과 (　　　)이/가 복합된 공간으로 구성하여 교육적 경험이 이루어질 수 있는 공간과 가정과 같은 편안한 분위기의 환경이 공존하여야 한다.

② 프로스트(Frost, 1976)에 의하면 흥미영역은 시끄러운 놀이와 조용한 놀이, (　　　)이/가 사용되는 놀이와 그렇지 않은 놀이로 분리하여 공간을 배치하는 것이 좋다.

시하는 것이 바람직하다. (　　)

③ 숲 체험이나 자연학습 활동의 결과물로 얻을 수 있는 (　　　)은/는 훌륭한 미술영역의 재료가 될 수 있다.

④ 미술영역에서 영유아 혼자 탐색과 표현활동을 즐길 수도 있지만 미술활동의 특성상 여럿이 함께 (　　　)을/를 만들 수 있는 공간구성을 하도록 한다.

2. 다음의 문장이 옳으면 O, 틀리면 X표 하시오.

① 유아들이 주어진 재료를 가지고 한두 가지 활동만을 계속 반복할 수 있도록 미술영역을 구성한다. (　　)

② 환경판을 교사의 솜씨로 정형화되고 잘 꾸며진 전시 공간으로 조성하기보다는 영유아가 스스로 작품을 전시할 수도 있고 영유아의 작품이 돋보이도록 전시하는 것이 바람직하다. (　　)

③ 만 1세부터는 교실에 미술영역을 반드시 구성해야 한다. (　　)

④ 미술 재료는 영유아의 발달수준에 맞고 경제적이며 손쉽게 구할 수 있는 것을 준비하도록 한다. (　　)

제8장

영유아 미술교육을 위한 작품 전시

활동 목표

1. 전시의 의미, 전시물의 종류, 전시의 역할에 대해 설명할 수 있다.
2. 유아교육기관에서 영유아의 미술작품 전시의 중요성을 설명할 수 있다.
3. 영유아의 미술작품과 전시 공간의 특성을 고려하여 다양한 방법으로 미술작품을 전시할 수 있다.

제8장

영유아 미술교육을 위한 작품 전시

1 전시의 의미

전시란 '펴다', '펼치다'라는 뜻의 전(展)과 '보이다'라는 뜻의 시(示)로 이루어진 단어로 사전적 의미는 '여러 가지 물품을 벌여 놓고 보이다'(표준국어대사전, 2017)이다. 이에 일반적으로 전시는 '진열'이라는 단어와 같은 의미로 사용되고 있으나 이난영(1972)은 아무리 좋은 물품, 자료도 전시하지 않는다면 그 가치를 상실한다고 하며, 전시는 '펼쳐 보인다'는 한자 그대로 '밖을 향하여 적극적으로 나타내고 설명한다'는 의미를 내포하고 있다고 하였다(이금희, 2007에서 재인용).

◀ 전시물의 종류

유아교육기관에서 전시물의 종류는 다양하다. 영유아의 활동결과물(예 : 입체작품/평면작품, 개별적인 작품/협동적인 작품), 미술작품(예 : 도자기, 조각품, 유명화가의 작품 복사본, 교사나 부모의 작품), 자연물(예 : 식물, 나뭇잎, 돌), 인쇄물(예 : 포스터, 잡지, 사진, 달력), 영상자료 등이 포함된다. 전시물은 영유아의 흥미를 이끌고, 다양한 정보를 제공하며, 유아 간의 또는 교사와 유아 간의 의사소통의 장을 마련해 준다.

〈곤충화보〉

〈행사 소개 포스터〉

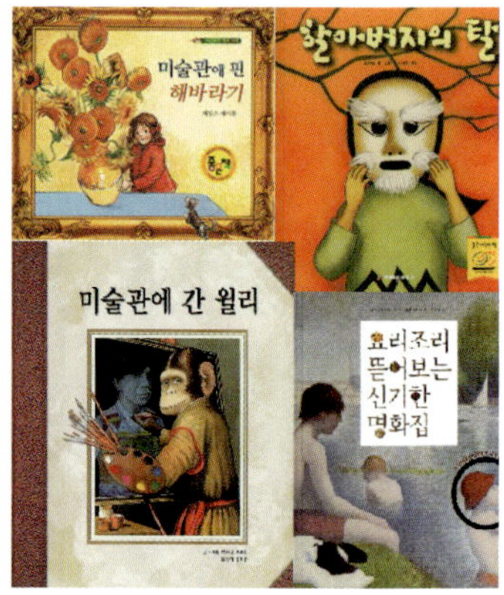

〈미술 관련 도서〉

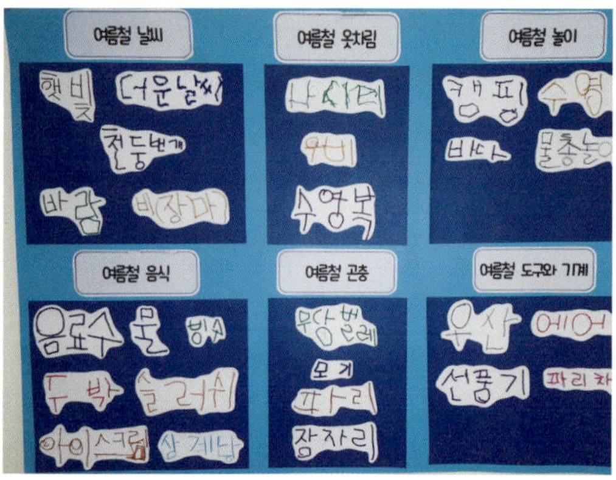

〈주제망〉

〈활동결과물 전시〉

그림 8-1 유아교육기관에서 전시되는 다양한 전시물

유아교육기관에서의 작품 전시란 단순히 영유아들의 작품을 여러 사람이 볼 수 있도록 한곳에 진열한 것에 그치는 것이 아니다(이원영, 임경애, 김정미, 강유진, 2015). 전시는 학부모, 동료 교사, 방문자들에게 유아교육기관에서 어떤 일이 일어나는지를 알려주며, 영유아의 잠재력, 발전해 나가는 능력을 알게 해 주는 역할을 한다. 영유아에게는 자신의 작품에 대해 자부심을 느끼게 하고 친구들의 작품내용과 가치를 자연스럽게 이해하고 존중할 수 있는 장을 마련할 뿐 아니라 미적 감수성과 표현력을 발달시키는 역할을 한다(우수경 외, 2016). 또한 교사에게 전시는 자신의 수업을 평가하고 발전시킬 수 있는 기회를 마련해 준다(김희진, 오문자, 1999).

유아교육기관에서의 전시의 역할

유아교육기관에서의 전시는 교육적 의미, 미적인 아름다움, 감상 및 평가의 역할을 한다. 이에 이 세 가지 역할이 조화롭게 반영될 수 있도록 전시할 필요가 있다(서혜정, 고지민, 2017 ; 이정환, 김희진, 2007 ; 이원영, 임경애, 김정미, 강유진, 2015).

첫째, 교육적 의미로서의 전시이다. 주제와 관련된 활동결과물, 화보, 사진, 실물, 가정에서 보내온 자료 등은 영유아의 흥미를 이끌고, 다양한 정보를 제공하며, 주제에 대한 이해 정도를 높이는 등 교육적 효과가 있다.

둘째, 미적 아름다움으로서의 전시이다. 영유아의 작품은 아름답고 완성도가 높은 것보다 그들의 생각, 느낌이 그대로 표현되었다는 데 의의가 있다. 따라서 교사는 영유아의 작품이 가장 잘 돋보일 수 있는 방법으로 전시해야 한다.

셋째, 감상 및 평가로서의 전시이다. 영유아들은 전시된 작품을 통해 자신과 친구의 작품을 감상할 수 있는 기회를 경험한다. 영유아는 서로의 작품을 감상하며 각각의 작품은 서로 다르지만 저마다 모두 의미가 있어 소중하다는 것을 깨달을 수 있다.

2 미술작품 전시의 중요성

영유아의 미술작품은 주제 관련 미술활동에서 만들어진 결과물로서, 과정지향이나 결과지향 중 어느 한 과정을 지향하는 것이 아닌 모두를 아우르는 것으로서 의미가 크다. 따라서 미술작품 전시의 교육적 가치를 교육적 · 정서적 · 사회문화적 측면에서 살펴보면 다음과 같다(서혜정, 고지민, 2017 ; 이금희, 2007 ; 이정환, 김희진, 2007).

1) 교육적 측면

(1) 학습동기 유발

주제와 관련된 미술작품을 전시함으로써 영유아들은 교실 전체에서 진행되는 주제를 접하게 된다. 이에 영유아들은 주제에 더욱 집중하게 되며, 학습한 내용을 확인하고, 흥미와 관심을 지속할 수 있다.

(2) 미적 안목 신장

미적 안목은 미술 작품을 감상하는 동안 여러 가지를 생각하고 상상하는 가운데 발전한다. 영유아는 자신의 작품과 다른 영유아의 작품을 감상하며 미적 요소, 원리 또는 작품의 특성, 창의성 등을 찾아내고 비교하는 과정을 통해 미적 안목을 기를 수 있다.

(3) 미적 표현력 향상

작품의 가치는 교사의 기준에 의해 판단되는 것이 아니다. 영유아는 자신의 작품과 다른 영유아의 작품을 서로 감상하며 자신의 미술활동과정을 점검하고, 미술작품의 가치를 판단하게 된다. 그 결과 가치판단능력과 미의식이 발달하며, 추후 작품 표현에 감상의 경험을 반영함에 따라 미적 표현능력도 향상된다.

(4) 미적 감상 태도 향상

미술작품 전시는 영유아에게 흥미롭고 적극적인 감상활동을 가능하게 하며, 서로의 작품을 보고 의견을 주고받는 경험을 통해 표현의 다양성과 창의성을 인정하고 존중하는 경험을 하게 된다.

2) 정서적 측면

영유아는 자신의 작품이 돋보이게 전시되어 있는 모습을 통해 자신이 한 미술활동에 성취감과 자기효능감, 긍정적인 자아개념을 느끼게 된다. 미술작품이 노력의 산물로 돋보이게 전시되었을 때 영유아가 느끼는 성취감은 미술에 대한 자신의 기대수준을 높이고, 긍정적 자아존중감을 형성하게 한다.

3) 사회문화적 측면

(1) 협동심과 소속감 형성

미술작품 전시의 방법에는 영유아의 작품을 개별적으로 전시하는 방법, 공동작업을 함께 전시하는 방법, 개개인의 작품을 마치 공동으로 작업한 것처럼 보이게 하는 공동작품화 방법이 있다. 세 전시방법 중 '공동작업' 방법은 처음부터 2~3명 혹은 5~8명의 유아가 계획을 세우고 작업을 분담하여 공동의 작품

표 8-1 영유아 미술작품 전시방법

구분	전시방법
개별적 방법	• 영유아가 개별적으로 작업한 작품으로 작품 옆에 영유아의 이름을 붙여 전시 • 영아는 영아의 얼굴사진이 있는 이름표를 붙여 전시하며, 유아는 이름, 작품명, 작품내용을 함께 적어 전시
공동작품화 방법	• 개개인의 작품을 교사가 특성 있게 배치하여 마치 공동으로 작업한 것처럼 전시 • 여러 개의 작품이 모여서 또 다른 아름다움을 창조하는 것으로 심미감, 소속감, 자존감을 향상시킴 • 미술활동에 참여한 영유아의 모든 작품을 전시
공동작품 방법	• 처음부터 공동작업을 한 작품 • 영유아가 주도적으로 주제를 정하고, 표현하고, 마무리하는 과정에서 나타난 결과물 • 전시방법도 영유아 스스로 토론하여 결정할 수 있도록 지도

출처 : 이정환, 김희진(2007)

을 제작하는 것으로 자신의 생각을 또래와의 관계에서 올바르게 표현하는 능력을 갖게 한다. '공동작품화' 방법은 여러 개의 작품이 모여서 또 다른 아름다움을 창조하는 것에서 소속감을 가질 수 있게 한다.

〈개별적 방법의 전시〉

〈공동작품 전시〉

〈공동작품화 방법의 전시〉

그림 8-2 영유아 미술작품 전시방법

(2) 미술 문화 형성

미술작품 전시는 영유아 자신들의 생각과 느낌을 반영한 미술작품을 소중하게 여기는 데서 시작하여, 미술 문화에 관심을 기울이고, 그것을 삶 속에서 즐길 수 있는 기회를 마련해 준다.

3. 작품 전시

영유아는 모든 감각을 사용하여 환경을 탐색한다. 이에 유아교육기관에 구성해 놓은 모든 전시물은 영유아의 감각을 자극하고, 학습을 촉진하는 중요한 자료가 된다. 따라서 유아교육기관에서 전시할 때 교사는 세심한 주의를 기울여야 한다.

◀ 전시 방법

작품을 전시할 때는 표현수준이나 완성도가 높은 작품 위주로 선별하지 말고 모든 영유아의 작품을 전시해야 한다. 그러나 전시도 미술의 한 부분인 만큼 미적인 부분을 고려해야 한다. 전시방법은 작품의 특성을 고려해야 한다. 앞면만 제작된 작품은 벽면을 활용하며, 입체작품은 진열대, 책상, 선반에 세우고, 입체작품 중 작고 가벼운 것은 천장에 매달아 전시한다. 주제활동에 따른 작품은 같은 특성을 갖는 것끼리 묶어 전시하며, 영유아의 작품이 실물과 연관된 경우에는 실물과 함께 전시한다.

◀ 전시 공간

영유아의 작품 전시는 전시할 공간의 크기, 공간의 특성을 고려한다. 전시 공간이 좁은 경우에는 영유아에게 양해를 구하고 순서를 정해 전시하거나 두세 공간에 나누어 전시하며, 전시 공간을 선택할 때에는 활동적인 공간, 물을 많이 사용하는 공간은 피한다. 작품 전시는 실내의 벽면, 창문, 교구장 뒷면 등에만 전시하는 것이 아니라 직접 전시대를 제작하여 작품을 전시할 수 있으며, 실외, 복도, 현관, 울타리, 부근의 공원, 지하철 역사, 길거리 등의 장소도 활용할 수 있다. 또한 인터넷과 스마트폰 사용이 보편화됨에 따라 실제 공간이 아닌 가상 공간까지도 전시 공간으로 활용할 수 있다.

〈현관에 미술작품 전시〉

〈천장에 미술작품 전시〉

〈창틀에 미술작품 매달아 전시〉

〈벽면에 미술작품 전시〉

〈책상, 선반 위에 미술작품 전시〉

그림 8-3 영유아 미술작품 전시 공간

◀ 미술작품을 전시할 때 고려해야 할 사항

유아교육기관에서 영유아의 미술작품 전시는 그들의 미술활동을 가치롭게 인정해 주는 방법 중 하나이다. 영유아가 작품의 소중함을 깨닫고, 가치를 부여할 수 있도록 영유아의 미술작품을 전시할 때 고려해야 할 사항을 살펴보면 다음과 같다.

- 영유아의 눈높이에 맞춰 전시한다.

작품은 영유아의 눈높이를 기준으로 위, 아래로 확장하여 전시한다. 영아의 작품은 낮게 전시하고 유아의 작품은 조금 더 높게 전시하여 영유아들이 보기 편하게 전시한다.

- 영유아의 호기심과 미적 감각을 자극할 수 있도록 전시한다.

작품과 전시할 공간의 특성을 고려하여 작품이 돋보이도록 다양한 구도로 전시한다. 기본적으로 게시판과 그림이 평행이 되도록 전시하되 작품의 크기, 형태, 모양에 따라 여백과 배열의 변화를 주어 빽빽하고 획일적인 느낌을 피한다.

- 교사와 영유아가 함께 작품을 전시한다.

작품 전시방법을 결정할 경우, 교사가 전시방법 결정이 아니라 영유아가 작품 전시에 참여하도록 한다. 함께 작품을 전시함으로써 영유아는 만족감과 책임감, 소속감, 긍정적 자아개념을 형성하게 된다.

- 영유아의 작품에는 이름과 작품명, 작품내용을 기록하여 전시한다.

작품에 이름과 작품명, 작품 내용을 기록하는 일은 영유아 스스로 자신이 표현하고자 하는 내용을 명료화할 수 있는 기회가 되며, 작품을 감상하는 교사나 친구들이 미술작품을 이해하는 데 도움을 준다.

- 영유아의 작품이 돋보이도록 전시한다.

많은 유아교육기관에서 게시판을 교사의 작품이나 상품용 게시물로 대체하는 경우가 많은데, 교사는 영유아의 작품으로도 훌륭하게 전시할 수 있음을 깨달아야 한다. 영유아의 평면작품은 작품의 색, 질감, 형태를 고려하여 색지, 한지, 골판지, 지끈, 나뭇가지 등을 활용하여 작품의 테두리를 만들어 작품이 돋보이게 할 수 있으며, 입체작품은 교실의 책상, 교구장을 활용하여 세우거나 천장에 매달아 준다.

• 전시된 작품을 정기적으로 교체한다.

영유아의 작품은 짧게는 3~5일, 길게는 2~3주 정도 전시하고 교체한다. 정기적으로 작품을 교체하는 것은 주제의 변화뿐 아니라 영유아의 흥미와 관심이 변화하기 때문이다. 단, 영유아가 작품을 집으로 가지고 가기 원한다면 영유아의 요구를 존중해 주어야 한다.

〈미술작품에 이름, 작품명, 작품내용 기록〉

〈둥글게 말은 한지 찍기〉

〈색종이, 비닐을 이용한 물고기 만들기〉

〈채소 도장 찍기〉

그림 8-4 **영유아 미술작품 전시의 실제**

문제

1. 다음의 괄호에 알맞은 말을 골라 넣으시오.

보기) 소중함, 요구도, 발달, 눈높이, 교육적 효과

① 유아교육기관에서 전시는 주제에 대한 (　　　　　)을/를 극대화시키며, 미적 아름다움을 주고, 미적 표현력을 발달시키는 역할을 한다.

② 유아교육기관에서 전시물을 전시할 때에는 영유아의 (　　　　　)에 맞추어 전시한다.

③ 영유아가 직접 전시하거나 전시에 참여함으로써 작품의 (　　　　　)을/를 느끼도록 한다.

2. 다음 문장이 옳으면 O, 틀리면 X표 하시오.

① 유아교육기관에서의 전시물은 영유아의 활동결과물을 의미한다. (　)

② 유아교육기관에서의 전시는 교육적 의미, 미적인 아름다움, 감상 및 평가의 역할을 한다. (　)

③ 영유아의 미술작품은 주제 관련 미술활동에서 만들어진 결과물로서 결과지향을 의미한다. (　)

④ 영유아의 미술작품을 전시할 때에는 완성도가 높은 작품 위주로 선별한다. (　)

⑤ 주제의 변화, 영유아의 흥미와 관심 변화에 따라 정기적으로 미술작품을 교체하여 전시한다. (　)

정답

1장 상징체계, 자아존중감, ×, ○, ×, ○

2장 도식기, 엑스레이(X-Ray), 만다라형, ○, ○, ×

3장 놀이, 예술경험, 통합, ○, ○, ○, ×

4장 미술사, 순환석, 탐색, 표현, 감상, ○, ×, ○

5장 공감, 반성적 사고, 인내심, ×, ○, ○

6장 양적, 질적, 포트폴리오, ○, ×, ○, ×

7장 양육, 물, 자연물, 공동작품, ×, ○, ×, ○

8장 교육적 효과, 눈높이, 소중함, ×, ○, ×, ×, ○

제2부

영유아 미술교육을 위한 실제

제1장 • 개정 누리과정에 기초한 놀이중심 미술활동

제2장 • 다양한 재료를 활용한 미술활동

제3장 • 재활용품을 활용한 미술활동

제4장 • 자연물을 활용한 미술활동

제1장

개정 누리과정에 기초한 놀이중심 미술활동

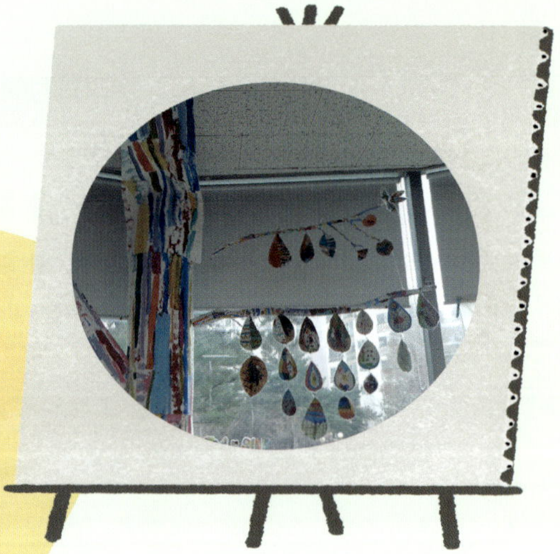

■ 놀이의 주제 : 색

놀이

놀이의 배경

가을에 어린이집 근처에 있는 숲에서 유아들이 산책을 하면서 자연에서 여러가지 많은 색을 발견하게 되었다.

놀이의 흐름

놀이의 배경

숲을 산책하면서
다양한 꽃을 관찰

놀이의 시작

산책하면서 색에
관심을 갖기 시작함

무지개 나무

실외에서 다양한 색의
자연물을 보고 교실에서
물감으로 물감으로
무지개 나무를 그림

물감 섞어보기

놀이 안에서 무궁무진한
색을 찾아가고 있는
유아들이 색의 변화를
발견함

라이트테이블

색의 혼합을 다양한
물체를 통해 경험함

상자그림

잘 그려지는 상자와
그려지지 않는
상자그림

무지개나무

혼자 하면 안 예쁘고
같이 하면 예뻐요

놀이의 시작

숲으로 산책을 나온 유아들은 다양한 꽃과 나무를 보면서 이야기를 하기 시작하였다.

"여기봐봐 예쁘지!"
"저기 나무봐 나무도 예쁘다"
이렇게 예쁜 것은 우리엄마가
아름답다고 하는거라고 했어"

"무지개 같은데!"
무지개는 빨주노초파남보색깔이 있는거야 "
예쁜거야

✻ 교사의 지원 및 상호작용

- 교사는 유아들의 이야기를 듣고 관찰하면서 "유아들에게 여기에는 어떤 색이 있을까?, 꽃의 색이 어떻게 다르니?" 하고 질문한다.
- 교사는 유아들이 색에 대한 관심을 유지하도록 중간중간 질문하며 계속적으로 상호작용을 한다.

01 물감으로 그린 나무(무지개 나무)

바깥놀이에서 다양한 색을 많이 경험한 유아들은 교실에 들어와 자연스럽게 '나무'를 그려가기 시작하였다. 아름다운 가을을 표현해내기 위해서는 색연필이나 싸인펜만으로는 어려움을 느끼게 된 유아들이 미술영역에 있는 물감들을 혼합하면서 여러 색을 만들어 가면서 물감 놀이를 하였다.

이 나무는 무지개 나무야
무지개 나무!
이것 봐! 여기 초록색 됐어.
어! 신기해.. 이것 봐!
내가 좋아하는 색이야!
우와~

빈 종이에 자신의 생각과 느낌을 담은 가을을 색과 형태로 표현하고 수많은 색을 가진 나무를 '무지개 나무'라고 유아들은 불렀다.

교사의 지원 및 상호작용

- 교사는 유아들이 색에 대해 관심을 가지고 교실에 들어왔기에 교사는 오늘 본 색에 대해 이야기를 나누었다.
- 유아들은 교실에서 놀이를 하면서 나무를 표현하기 시작하였다.

02 색의 혼합(초록색이 어디로 갔을까?)

유아 : 갈색이랑 초록색이랑 섞었더니 갈색이야
초록색이 없어지니까 갈색이 된 거야
유아 : 초록색이 없다.
유아 : 갈색 밑에 초록색이 있어!
유아 : 하얀색은 힘이 제일 약해.
유아 : 안 보이니까.
유아 : 모든 색한테 지니까 제일 약한 거야. 계속 져!
갈색한테도 지고 초록색한테도 지고.
유아 : 나는 하얀색이 좋아, 하얀색은 잘 못 그린걸 다시 만들 수 있거든…

유아들은 물감을 섞으면서 색연필이나 사인펜에서 경험해보지 못한 색의 혼합을 보면서 놀라워한다. 서로 자연스럽게 섞이며 전혀 생각해보지 못한 색으로 변신하는 것을 보면서 이기고 진다라는 표현을 생각해낸다.

또한, 파레트나 종이 위에서 뿐 아니라 붓을 빠는 과정에서 색의 변화를 관찰하면서 신기해한다.

자연에서 만나게 된 다양한 색들을 자유롭게 나무를 그리면서 물감의 색 혼합으로 표현해낸다.

이 활동을 통해 어린이들은 물감의 탐색 과정과 물감을 다루는 법, 그리고 우연히 발견된 번짐 등의 효과를 스스로 놀이 안에서 무궁무진한 색을 찾아가고 있는 아이들을 관찰할 수 있었다.

✻ 교사의 지원 및 상호작용

- 교사는 유아들이 색의 혼합을 물감놀이 속에서 경험하고 있기에 관찰하면서 다양한 색의 표현을 촉진시켜주기 위해 질문하면서 상호작용을 하였다.
- "초록색이 어디갔을까? 그럼 제일 센 색깔은 어떤 색일까?"
- 다같이 모여 색의 변화를 이야기 나누면서 많은 유아들이 색의 변화에 관심을 갖도록 지원하였다.

03 색의 혼합(교구 놀이)

"선생님 이것도 다른 색이 만들어져요"

"내가 색을 만들어 볼게요"

"이렇게 하면 보라색되요"

✻ 교사의 지원 및 상호작용

- 교사는 색이 혼합을 물감뿐만 아니라 다양한 매체를 통해 색을 경험할 수 있도록 교사가 계획한 다양한 교구 및 활동를 제공해 주었다. 유아들은 매체를 가지고 놀이를 진행하면서 색이 혼합되는 물체와 혼합되지 않는 물체를 구분한다.
- 유아들은 매체를 가지고 놀이를 진행하면서 색이 혼합되는 물체와 혼합되지 않는 물체를 구분한다.

04 물감놀이(상자 그림)

"와 이 박스 그림 이쁘다 난 이박스에
멋지게 꾸밀꺼야"
"아무 것도 안 그려진 박스가 더 좋아
여기에 그리면 더 잘 그려져"

물감으로 그림을 그린 후 아직 마르지 않은 채 바닥에 놓아 버려 그림이 번지게 돼서 울상이 되었다

"여기에 다시 그리면 되잖아,
여기가 잘 그려져"

유아들은 상자의 이쪽 저쪽 면에 골고루 그림을 그리게 되었다.

✻ 교사의 지원 및 상호작용

- 물감과 붓을 사용하기에 신이 난 유아들은 블록영역과 미술영역에 있는 다양한 재활용 상자에 그림을 그리기 시작했다.
- 코팅된 상자에는 물감으로 그림이 잘 안 그려지는 것을 발견하고 다른 친구에게 도움을 주기도 한다.
- 교사는 코팅되지 않은 상자, 크기가 다양한 상자를 준비해서 교실에 제공해 주었다.

놀이의 마무리

평소보다 좀더 큰 종이를 이젤에 걸어 두자 유아들은 " 와 종이가 커졌네" 하는 반응을 보였다. 이때 붓을 들고 그림을 그리던 유아가 "나혼자 힘들겠다. 같이 그릴 사람?" 하며 주위를 둘러보았다.

"나무가 나뭇잎을 잘 자라게 해줘요
이 나무는 무지개 나무예요.
친구랑 같이 만들어서 예쁘게 된 거예요.
혼자하면 안 예뻐지고 같이하면 예뻐져요"

같이 그리면 재미있고 더 크게 그릴 수 있어요 "

함께 그리기는 어린이들에 의해 스스로 시작된 즐거운 놀이이지만 함께 하다보면 생각의 다름을 알게 되어 즐거움 뿐 아니라 불편함도 자연스럽게 경험할 수 있었다. 함께 그림을 그리는 협력의 과정 중 느꼈던 어려움들을 이야기나누면서 친구의 생각을 알게 되는 시간이 되었다.

제2장

다양한 재료를 활용한 미술활동

그리기

꾸미기 만들기

조소

01 다양한 도구로 그리기(자유화)

활동목표
- 그림을 그리는 다양한 도구가 있음을 안다.
- 다양한 도구로 그림을 그리는 경험을 한다.

활동자료 도화지, 연필, 색연필, 사인펜, 네임펜, 유성매직, 물감, 붓펜

활동방법

1. 그리기 도구의 특성과 사용할 때 어떤 점이 다른지 알아보고 이야기를 나눈다.
2. 여러 가지 도구로 그림을 그렸을 때의 느낌과 표현의 차이를 비교하고 경험해 본다.
3. 그리기 도구를 선택하여 자유롭게 그림을 그린다.

✻ 도움말 및 확장활동

- 뚜껑이 있는 그리기 도구는 다 쓴 뒤 꼭 뚜껑을 닫아야 함을 알려준다.
- 도화지는 다양한 크기, 모양, 색깔의 종이를 준비해 준다.
- 수업활동에 따라 교사의 의도대로 한 가지 도구를 제시해 줄 수 있다.
- 펜의 굵기에 따라 도화지의 크기를 달리 줄 수 있다.
  - 연필이나 플러스펜과 같은 얇은 펜은 32절지 정도의 크기
  - 매직펜 종류로 굵은 펜은 8절지 정도의 크기

〈연필로 그리기〉

〈색연필로 그리기〉

〈사인펜으로 그리기〉

〈크레파스로 그리기〉

〈네임펜으로 그리기〉

〈붓펜으로 그리기〉

02 파스텔로 그리기(노을)

활동목표
- 파스텔의 특징과 사용법을 안다.
- 다양한 도구를 활용하여 그림으로 표현한다.

활동자료 파스텔, 도화지, 색지, 연필, 가위

활동방법

1. 파스텔을 만져보고 부드러운 느낌과 손에 묻어나는 특성을 경험해 본다.
2. 파스텔로 도화지에 선을 그어 보고 손과 휴지로 문질러 보며 사용방법에 대해 알아본다.
3. 다양한 노을 사진을 감상한 후 노을을 어떻게 표현할지 이야기를 나눈다.
4. 도화지에 유아가 표현하고 싶은 색의 파스텔을 문질러 색을 칠한다.
5. 색이 골고루 섞일 수 있도록 휴지로 문지른다.
6. 연상되는 것을 색지로 오려 붙이거나 그림으로 그려 꾸민다.

✻ 도움말 및 확장활동

- 노을과 함께 표현할 대상물(바다, 건물, 바위, 산 등)을 다양하게 꾸밀 수 있다.
- 파스텔 그림을 그리기 전에 바닥에 깔개를 준비해 준다.
- 파스텔을 사용할 때 모서리 부분과 넓은 면을 이용해 다양한 방법으로 칠할 수 있도록 한다.

활동순서

❶

❷

❸

❹

관련 활동 사진

〈파스텔로 바다 꾸미기〉

03 베껴내기(나뭇잎)

활동목표
- 사물의 다양한 무늬에 관심을 가진다.
- 여러 가지 무늬를 베껴내고 다양한 느낌을 경험한다.

활동자료 나뭇잎, 복사용지, 색연필

활동방법

1. 주변에 있는 여러 가지 물건들의 무늬를 관찰하고 이야기를 나눈다.
2. 여러 가지 나뭇잎의 모양과 무늬를 만져보고 문질러 보면서 탐색해 본다.
3. 베껴내고 싶은 나뭇잎을 고른다.
4. 손가락으로 나뭇잎을 앞 · 뒤로 만져보고 어느 부분이 잘 나타날지 알아본다.
5. 나뭇잎 위에 복사용지를 잘 고정하여 색연필로 문질러 베껴낸다.
6. 베껴내기 활동을 한 후 오려서 구성한다.

✻ 도움말 및 확장활동

- 베껴내기 재료는 요철이 있는 동전, 벽지, 나뭇잎, 돌, 나무껍질 등의 자연물을 사용할 수 있으며 주제에 맞추어 모래종이, 골판지, 망사 등 다양한 재료를 이용하여 도안을 만들어 사용할 수 있다.
- 베껴낼 종이는 화선지, 복사용지, 기름종이 같은 얇은 종이를 사용할 수 있다.
- 크레파스와 색연필, 연필 등의 다양한 도구를 사용하여 베껴내기 활동을 비교할 수 있다.
- 영아의 경우 모양이 잘 나타날 수 있는 베껴내기 틀을 사용하여 활동한다.

활동순서

❶

❷

❸

❹

관련 활동 사진

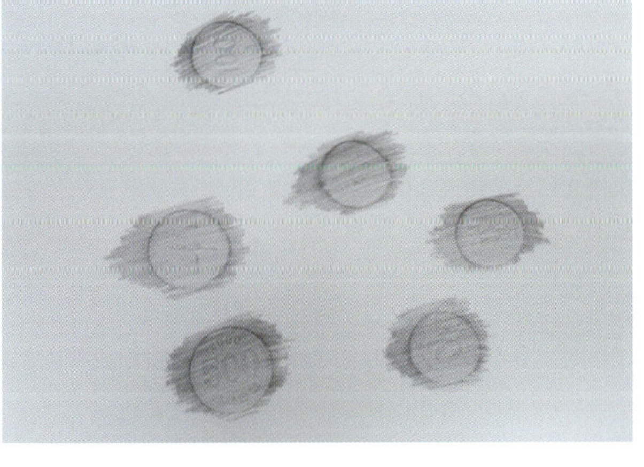

〈동전 베껴 그리기〉

04 펀치로 찍어 그리기(봄동산)

활동목표
- 펀치의 바른 사용법을 안다.
- 점을 자유롭게 연결하여 다양한 그림을 표현한다.

활동자료 도화지, 펀치, 색연필

활동방법

1. 여러 가지 생활도구에 대해 알아본다(펀치, 자, 가위, 스테이플러, 클립 등).
2. 펀치를 사용해 본 경험에 대해 이야기 나눈다.
3. 펀치를 사용하여 다양한 모양을 뚫어본다.
4. 도화지를 자유롭게 접어 펀치로 구멍을 뚫는다.
5. 뚫린 구멍을 연결하여 연상되는 그림을 그리고 색칠하여 완성한다.

✲ 도움말 및 확장활동

- 영유아가 골고루 구멍을 뚫을 수 있도록 다양하게 접어본다.
- 자유선택활동 시간에 자유롭게 펀치를 탐색할 수 있도록 조작영역에 펀치와 종이를 제시해 준다.
- 펀치를 안전하게 사용할 수 있도록 어린 연령은 교사와 함께 활동한다.
- 다양한 모양 펀치를 이용하여 여러 가지 종이에 찍어보는 활동을 연계할 수 있다.

활동순서

❶

❷

❸

❹

관련 활동 사진

〈점을 이용한 그림〉

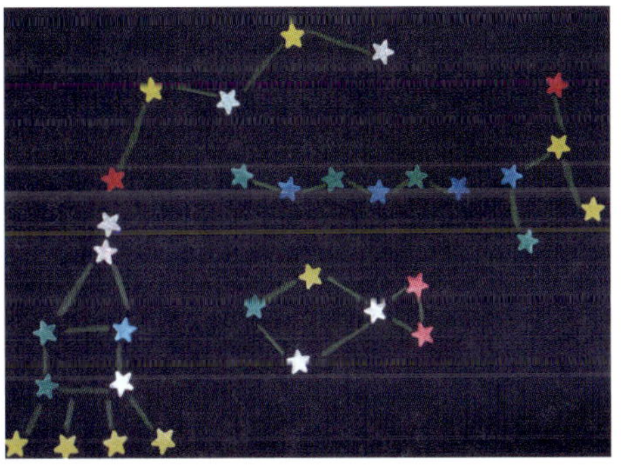

〈스티커를 이용한 그림〉

05 선 그리기(선물 상자)

활동목표
- 다양한 선에 관심을 갖는다.
- 소근육을 사용하여 선을 표현한다.

활동자료 색지, 모양종이, 띠 골판지, 딱풀, 사인펜

활동방법

1. 곡선과 직선을 비교해보고 교실에서 선으로 이루어진 물건들을 찾아본다.
2. 여러 가지 선을 자유롭게 그려본다.
3. 선물 상자 모양의 기본 종이에 여러 모양의 도형(정사각형, 직사각형, 하트 동그라미, 사다리꼴, 별 등)을 자유롭게 붙인다.
4. 도형의 모양을 선을 사용하여 점점 크게 그려 완성한다.

✻ 도움말 및 확장활동

- 기본판을 다양한 모양으로 만들어 활동할 수 있다.
- 연령에 따라 도형의 크기를 다르게 제시할 수 있다.
- 선을 따라 그릴 때에는 다양한 간격으로 선을 그릴 수 있도록 한다.
- 리본막대로 다양한 선(긴 선, 짧은 선, 곡선, 직선 등)을 표현할 수 있도록 실외 놀이 시간이나 동작활동 시간에 연계한다.

활동순서

❶

❷

❸

❹

관련 활동 사진

〈다양한 선 그리기〉

06 쿠킹포일에 그리기(점과 선)

활동목표
- 다양한 재질에 그림을 그렸을 때의 차이점을 안다.
- 점과 선을 자유롭게 표현해 본다.

활동자료 우드락, 쿠킹포일(비닐, 타일, OHP 등) 털실, 유성매직(네임펜)

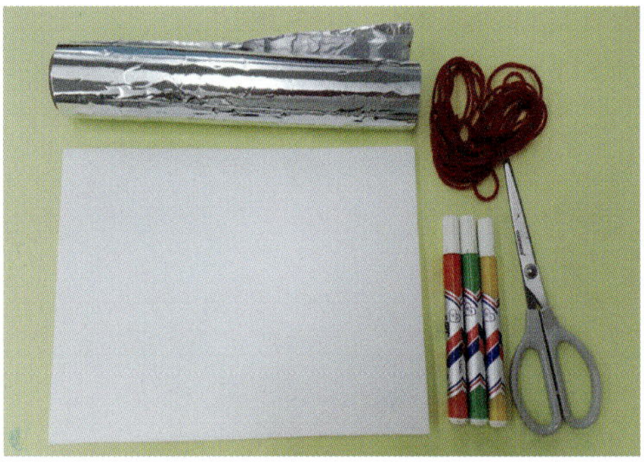

활동방법

1. 종이, 쿠킹포일, 비닐 등 다양한 재질을 만져보고 비교해 본다.
2. 다양한 도구(연필, 매직, 사인펜, 색연필 등)로 그림을 그리면 어떤 느낌인지 이야기한다.
3. 쿠킹포일에 그림을 그리기 위해 어떤 도구가 필요한지 알아본다.
4. 우드락 위에 털실로 자유롭게 공간을 나눈다.
5. 공간을 나눈 우드락을 쿠킹포일로 감싼 후 선의 구분이 보이도록 문지른다.
6. 구분된 공간에 유성매직으로 다양한 선과 점을 자유롭게 그려 완성한다.

✻ 도움말 및 확장활동

- 다른 두께와 재질의 끈을 사용할 수 있다.
- 공간을 나눌 때에는 자유롭게 나눌 수 있도록 한다.
- 도화지에 실 없이 쿠킹포일만 덮은 후 그 위에 그림을 그릴 수도 있다.
- 쿠킹포일 외의 비닐, 타일, OHP, CD 등의 다양한 재료를 이용하고 그리는 방법도 다양하며 자유롭게 활동할 수 있다.

활동순서

❶

❷

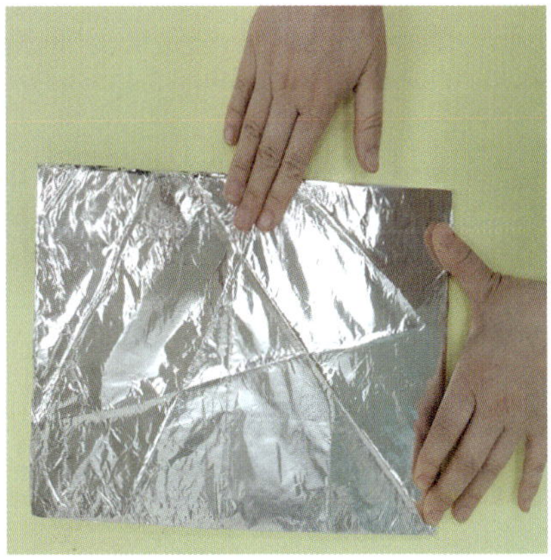

❸

❹

관련 활동 사진

〈비닐에 그리기〉

07 모래종이에 그리기(풍경)

활동목표

- 다양한 모래종이의 특성을 안다.
- 크레파스가 열에 녹는 성질을 이용하여 그림을 표현한다.

활동자료 모래종이, 도화지, 크레파스, 다리미

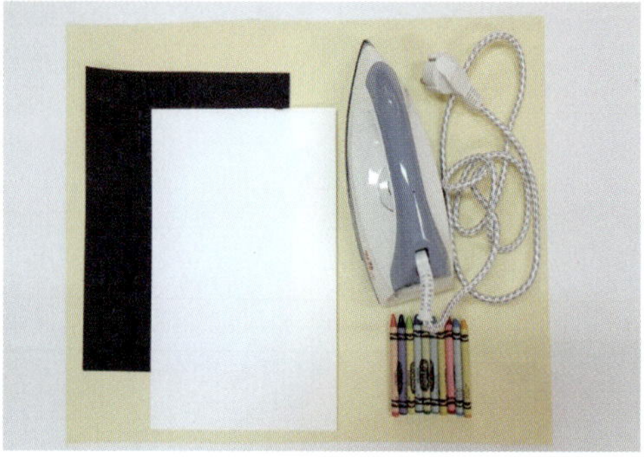

활동방법

1. 다양한 모래종이를 만져보면서 느낌을 이야기한다.
2. 모래종이에 크레파스로 그림을 그리면 어떤 느낌이 나는지 예측해 보고 도화지에 그린 그림과 비교해 본다.
3. 모래종이에 크레파스로 자유롭게 그림을 그리고 색칠한다.
4. 교사는 모래종이 그림 위에 도화지를 덮고 다리미로 다린다.
5. 모래종이 그림과 도화지에 찍힌 그림을 비교한다.

✲ 도움말 및 확장활동

- 모래종이를 사용할 때 거친 표면에 손이 다치지 않도록 주의한다.
- 다리미를 사용할 때에는 안전사고가 일어나지 않도록 사전에 영유아에게 주의점을 알려주고 교사가 다린다.
- 크레파스 그림을 그릴 때에는 힘을 주어 그리도록 하면 더 선명하게 나타날 수 있다는 것을 경험하게 한다.
- 굵기가 다양한 모래종이를 영유아들에게 제시하여 비교할 수 있도록 한다.

활동순서

❶

❷

❸

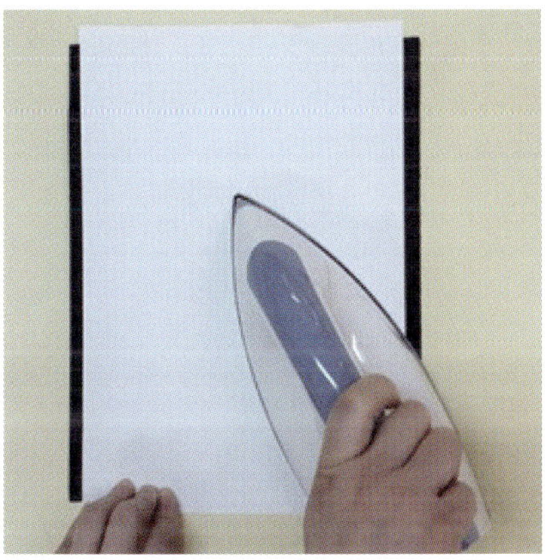

❹

관련 활동 사진

〈색모래 그림〉

08 손가락 찍기(봄동산)

활동목표
- 손가락의 지문에 나타난 무늬를 관찰한다.
- 손가락 지문으로 그림을 다양하게 표현한다.

활동자료 물감, 도화지(배경판), 사인펜

활동방법

1. 지문의 모양을 관찰해본다.
2. 지문을 찍은 후 친구의 지문과 비교해 본다.
3. 봄에 볼 수 있는 것들에 대해 이야기 나눈 후 영유아가 지문으로 표현하고 싶은 봄의 사물이 무엇인지 이야기를 한다.
4. 손가락에 물감을 묻혀 도화지에 자유롭게 찍는다.
5. 물감이 마른 뒤 그리고 싶은 것을 그려 완성한다.

✲ 도움말 및 확장활동

- 활동 전 교사가 여러 가지 예시를 보여 주어 유아들이 다양하게 표현할 수 있도록 한다.
- 물감 대신 열매의 물(버찌, 포도 등)을 사용하여 그림을 그릴 수 있다.
- 활동 후 손을 씻을 수 있는 물휴지를 준비해 둔다.
- 연령이 높은 경우 영유아가 봄의 배경을 직접 그려볼 수 있도록 한다.

활동순서

❶

❷

❸

❹

관련 활동 사진

〈버찌 열매로 그린 그림〉

09 바퀴로 찍기(자동차 길)

활동목표
- 여러 종류의 바퀴 모양에 관심을 가진다.
- 바퀴를 찍어 나타나는 다양한 무늬를 경험한다.

활동자료 도화지, 물감, 넓은 솔, 바퀴모양 장난감

활동방법

1. 다양한 모양, 크기의 바퀴를 준비한다.
2. 바퀴를 보면 어떤 물건이 생각나는지, 어떤 모양인지 만져보고 바퀴의 무늬와 크기(굵기)를 탐색한다.
3. 바퀴에 물감을 묻혀 찍으면 어떤 무늬가 나올지 이야기 나눈다.
4. 여러 가지 색깔의 물감을 바퀴에 골고루 바른다.
5. 도화지에 바퀴를 자유롭게 굴려 완성한다.

✲ 도움말 및 확장활동

- 바퀴를 굴려 찍은 자국 위에 자동차나 기차와 같은 여러 가지 교통기관과 연계하여 꾸밀 수 있다.
- 바퀴에 물감을 묻힐 때 솔을 이용하거나 부직포 접시를 준비하여 바퀴를 충분히 굴려 볼 수 있도록 한다.
- 주변의 다양한 사물을 이용하여 찍기 활동을 해 볼 수 있다.
- 채소 찍기를 활용하여 꽃으로 구성할 수도 있다.

활동순서

❶

❷

❸

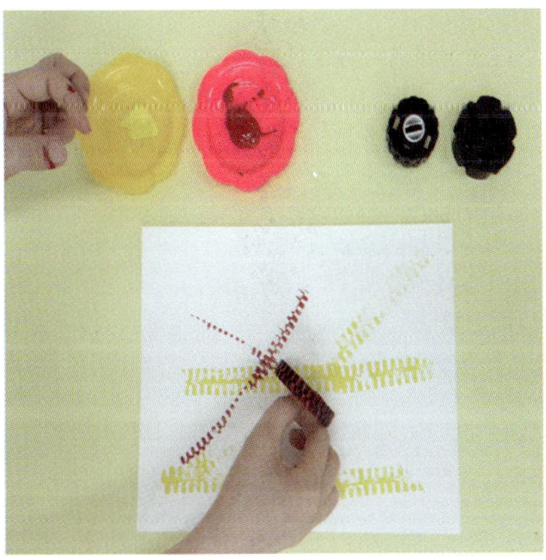

❹

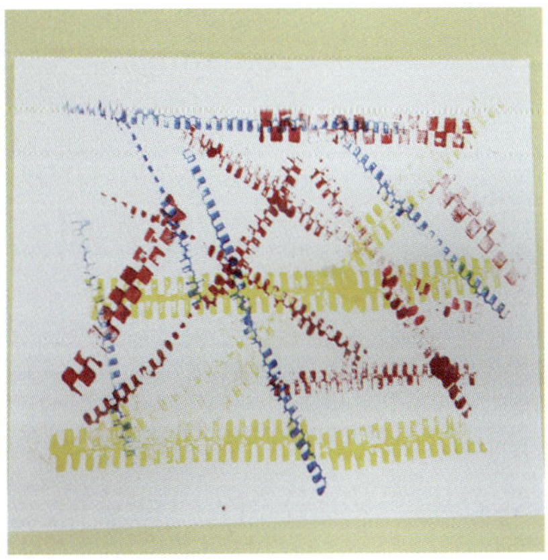

관련 활동 사진

〈채소 찍기〉

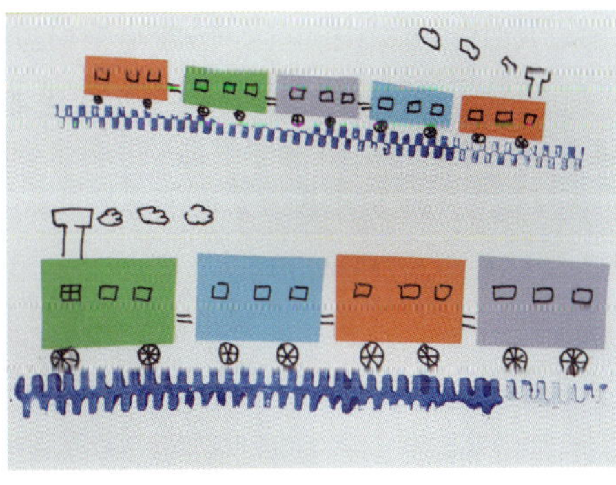

〈바퀴 찍기 – 기찻길〉

10 데칼코마니(나비)

활동목표
- 대칭의 개념에 대해 이해한다.
- 색의 혼합에 따른 색깔의 변화를 안다.

활동자료 물감, 도화지(여러 가지 색)

활동방법

1. 물감을 붓으로 칠해보고, 섞어보고, 손으로 문질러 보는 등 여러 가지 방법으로 활동한 경험을 이야기 나눈다.
2. 도화지를 반으로 접는다.
3. 도화지를 편 후 한쪽 면에 여러 가지 색의 물감을 자유롭게 짠다.
4. 물감이 묻지 않은 쪽의 도화지를 접어 손바닥으로 골고루 문지른다.
5. 펼쳤을 때 어떤 모양과 색이 나타날지 이야기 나눈다.
6. 데칼코마니를 이용하여 주제에 맞게 다양하게 구성한다.

✲ 도움말 및 확장활동

- 여러 가지 색의 물감을 사용할 수 있도록 한다.
- 영아의 경우 짙은 농도의 물감을 떨어뜨리는 방법을 사용할 수 있다.
- 사전활동으로 대칭의 개념을 이해하기 위해 거울 놀이나 주변의 대칭을 이루는 사물들을 찾아볼 수 있다(예 : 나비, 얼굴, 하트, 바지 등).

활동순서

❶

❷

❸

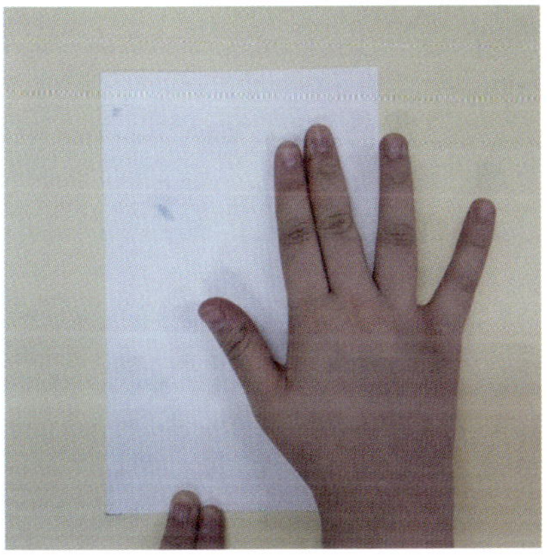

❹

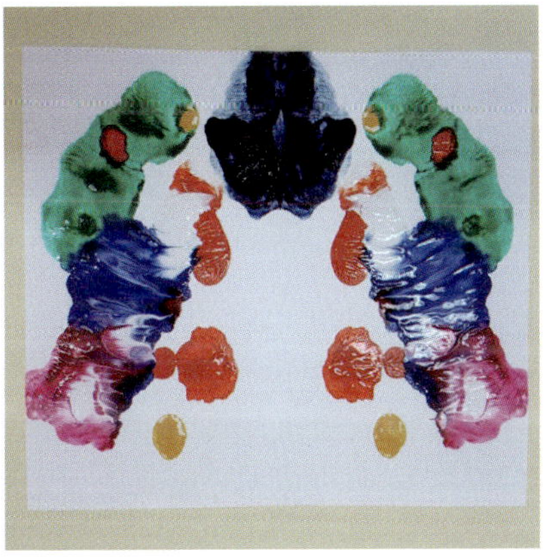

관련 활동 사진

〈데칼코마니를 이용한 벽면구성〉

11 안개그림(여름옷)

활동목표
- 생활도구의 하나인 다양한 체를 탐색한다.
- 체에 대고 문질렀을 때 나타나는 특징을 경험한다.

활동자료 체, 물감, 칫솔, 도화지

활동방법

1. 안개를 본 경험에 대해 이야기 나눈다.
2. 칫솔과 체를 이용하여 안개를 표현하는 방법에 대해 알아본다.
3. 칫솔에 물감을 묻혀 체에 대고 문지른다.
4. 도화지가 마른 후 준비된 옷 모양의 본을 그린다.
5. 모양대로 오려서 새로운 종이에 붙이고 꾸며 완성한다.

✲ 도움말 및 확장활동

- 여러 가지 색의 물감을 제시하고 색에 따라 칫솔을 준비하여 색이 섞이지 않도록 한다.
- 물감 그릇에 부직포를 깔아주면 적당한 양의 물감을 칫솔에 묻힐 수 있다.
- 체의 굵기에 따라 안개그림의 표현이 달라진다(굵은 체가 쉽게 뿌려짐).
- 생활주제에 따라 다양한 도안을 준비하여 활동할 수 있다.
- 영아의 경우 체 대신 분무기를 이용하여 활동한다.

활동순서

❶

❷

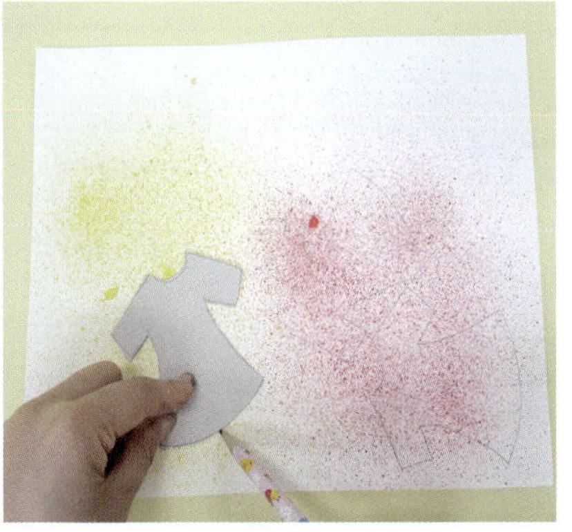

❸

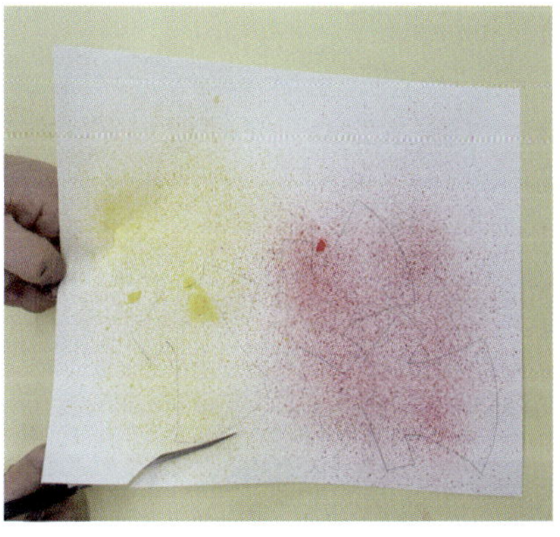

❹

관련 활동 사진

〈모양을 구성한 안개그림〉

12 실로 그리기(물고기 잡는 어부)

활동목표
- 실이 움직여 나타나는 다양한 형태를 탐색한다.
- 손과 팔의 힘을 적절하게 조절할 수 있다.

활동자료 도화지, 물감, 실, 붓

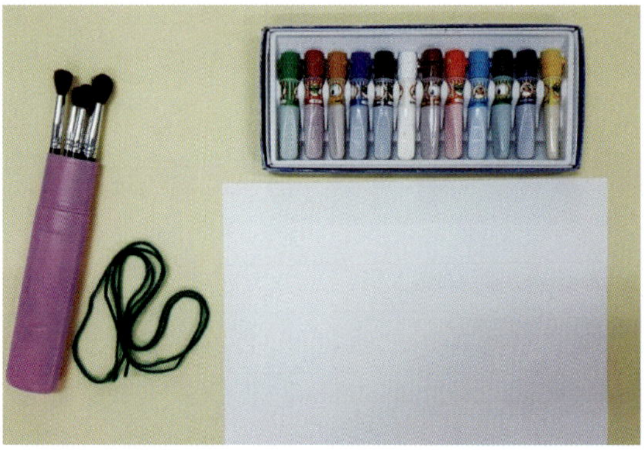

활동방법

1. 실의 촉감을 만져보며 탐색하고 물감을 이용하여 활동할 수 있는 방법을 생각해 본다.
2. 실에 물감을 묻히고 붓으로 잘 누르며 물감의 양을 적절하게 조절한다.
3. 도화지를 반 접었다가 펴고 한쪽 종이에 물감 묻은 실을 마음대로 놓는다.
4. 도화지를 반을 덮고 한 손으로 힘을 조절하여 누르면서 실을 뺀다.
5. 종이를 펴서 어떤 모양이 나왔는지 살펴보고 그림을 그려 꾸민다.

✲ 도움말 및 확장활동

- 실의 굵기와 재질에 따라 다른 느낌이 나오므로 다양한 실그림을 경험할 수 있도록 준비해 준다.
- 실에 너무 많은 물감을 묻히면 실을 당기면서 나오는 모양이 뭉개진다.
- 실을 이용한 그리기, 꾸미기 등 다양한 활동을 할 수 있도록 확장한다.
- 나무젓가락에 실을 묶어 주면 편리하게 실그림을 그릴 수 있다.

활동순서

❶

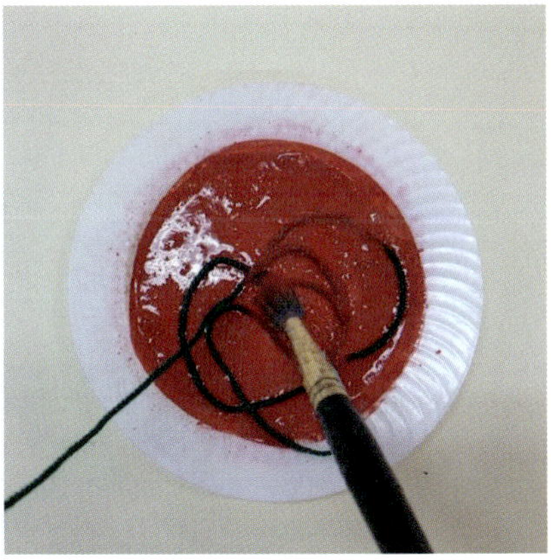

❷

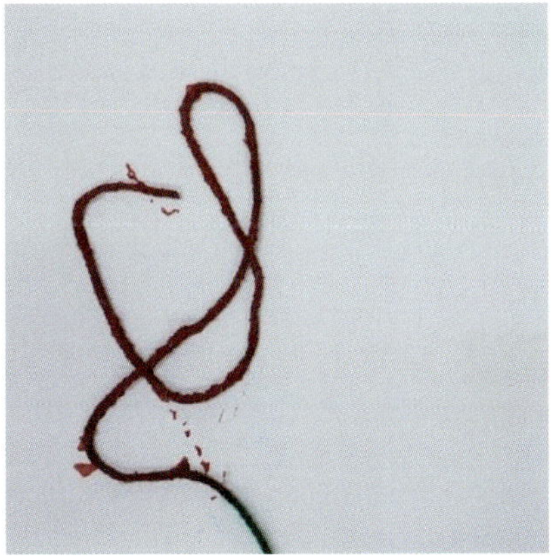

❸

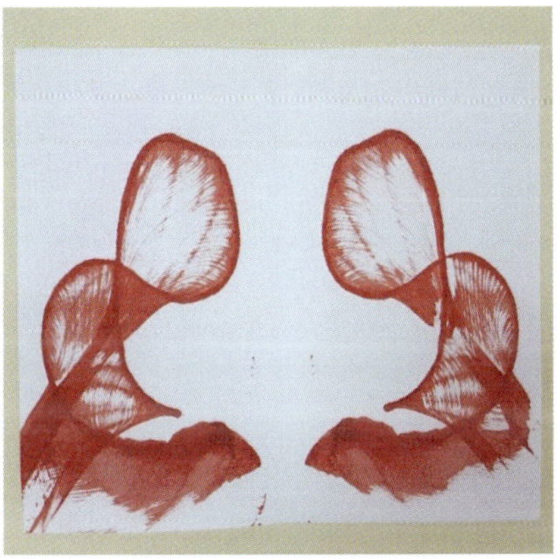

❹

관련 활동 사진

〈실을 이용한 물고기 만들기〉

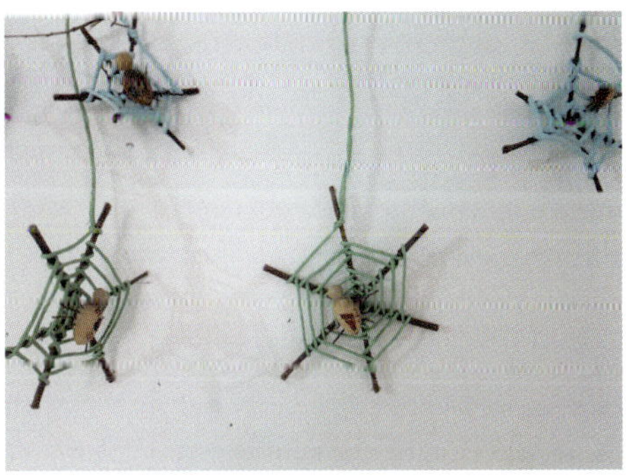

〈실을 이용한 거미집 만들기〉

13 거품으로 그리기(목욕탕)

활동목표
- 거품을 입으로 불면서 신체조절능력을 기른다.
- 물감 거품을 도화지에 찍어보고 다양하게 표현한다.

활동자료 도화지, 물감, 빨대, 투명플라스틱용기, 주방세제

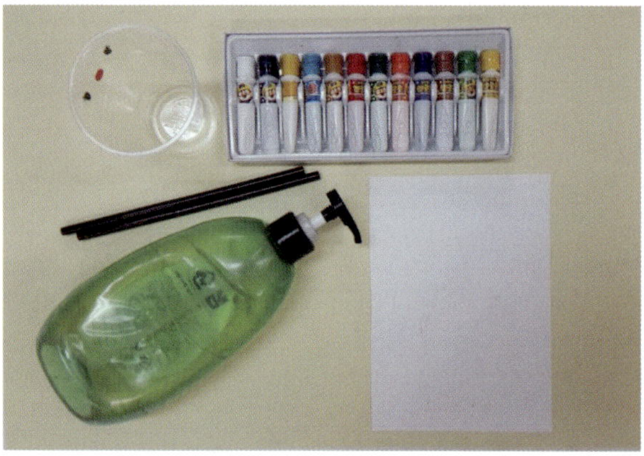

활동방법

1. 세제의 성질을 알아보고 비누거품을 불어보며 모양과 느낌을 탐색한다.
2. 투명한 그릇에 물감과 주방세제를 넣고 잘 섞는다.
3. 빨대를 이용하여 거품이 컵 위로 올라올 때까지 불어본다.
4. 거품이 사라지기 전에 도화지를 덮어서 찍어낸 후 잘 말린다.
5. 잘 말린 거품무늬를 오려 연상되는 그림을 자유롭게 표현한다.

✻ 도움말 및 확장활동

- 비누거품을 계속 불어서 컵 위로 거품이 가득 올라오게 한다.
- 교사는 유아가 빨대로 부는 것을 보면서 비누거품을 들이마시지 않도록 조심시키고 실수로 입 안에 들어가면 빨리 뱉도록 지도한다.
- 바누거품 찍은 것을 말린 후에는 오리기나 꾸미기를 연계하여 활동한다.
- 바깥놀이 시간에 비눗방울 놀이를 할 수 있도록 한다.

활동순서

❶

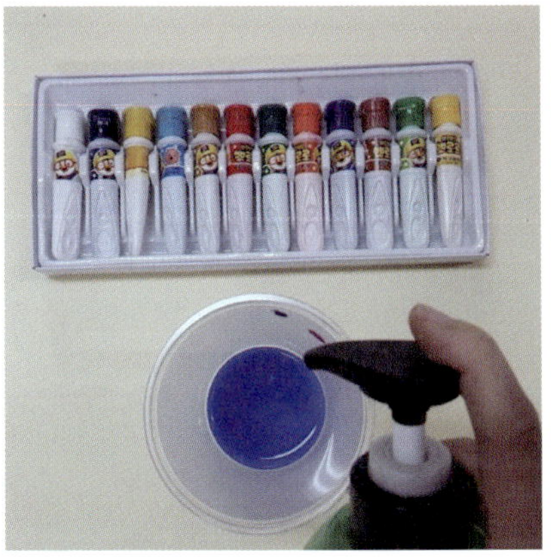

❷

❸

❹

관련 활동 사진

〈거품 찍기를 이용하여 수국 꽃 꾸미기〉

14 마블링(오대양 육대주)

활동목표
- 다양한 미술 표현을 경험한다.
- 물과 기름이 섞이지 않는다는 것을 안다.

활동자료 마블링물감, 도화지, 그릇, 물, 나무젓가락

활동방법

1. 마블링 물감의 냄새를 맡아보고 무슨 냄새가 나는지, 마블링 물감을 무엇으로 만들었는지 이야기한다.
2. 물감을 종이와 물에 떨어뜨렸을 때의 모습을 관찰한다.
3. 물에 떠 있는 마블링 물감을 나무젓가락으로 젓고 나타나는 무늬 모양을 관찰한다.
4. 준비된 도화지를 살짝 담갔다가 건져 낸 후 말려 종이에 찍힌 모양이 무슨 모양 같은지 이야기를 나눈다.
5. 파란색 동그라미 안에 영유아가 표현하고 싶은 대륙을 마블링한 것으로 오리고 붙여서 지구본을 완성한다.

✻ 도움말 및 확장활동

- 기름 흡수가 잘되는 종이(도화지, 모조지 등)를 준비한다.
- 그릇은 준비한 종이가 충분히 들어갈 수 있는 크기의 것을 준비한다.
- 완성한 마블링을 말릴 수 있는 건조대나 장소를 미리 마련해 놓는다.
- 완성된 마블링으로 주제에 맞게 작품을 구성해 볼 수 있다.

활동순서

❶

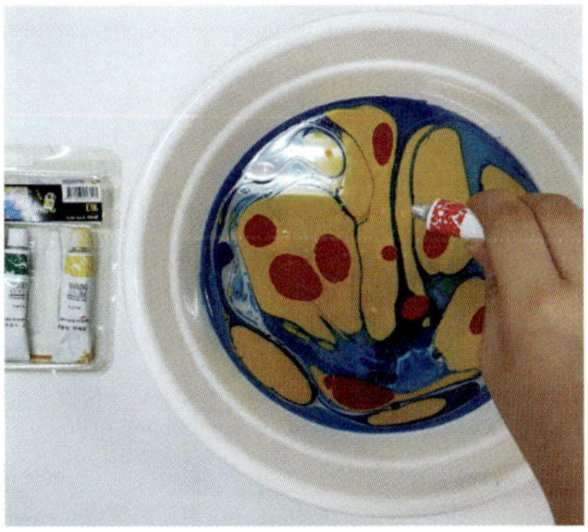

❷

❸

❹

관련 활동 사진

〈마블링을 이용하여 꽃 구성하기〉

15 우드락 판화(과일)

활동목표
- 판화의 종류를 안다.
- 판화를 찍어보는 경험을 한다.

활동자료 우드락, 물감, 도화지, 넓은 붓, 볼펜

활동방법

1. 판화로 된 다양한 작품을 감상하고 판화를 탐색한다.
2. 여러 가지 판화의 기법과 종류를 알아본다.
   - 고무 판화, 종이 판화, 우드락 판화, 동판화 등
   - 오목판화, 볼록 판화 등
3. 우드락에 연필을 사용하여 그림을 그린 후 뾰족한(볼펜, 나무꽂이) 도구로 깊게 누르며 따라 그린다.
4. 붓에 물감을 묻혀 우드락 위에 칠한다.
5. 물감이 마르기 전에 우드락 위에 종이를 덮고, 손바닥으로 골고루 문지른다.
6. 종이를 떼어내어 찍혀 나오는 모양을 살펴본다.

✲ 도움말 및 확장활동

- 판화는 같은 그림을 여러 장 찍어 낼 수 있음을 알려준다.
- 붓은 넓은 것으로 준비하여 물감을 충분히 바르고 물감이 마르지 않도록 한다.
- 롤러나 스펀지를 준비해 편리하게 문지를 수 있다.
- 영유아의 연령에 적절한 판화기법을 선택한다.

활동순서

❶

❷

❸

❹

관련 활동 사진

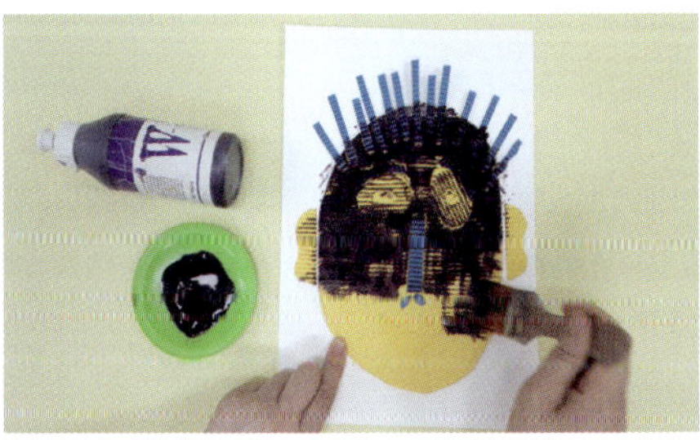

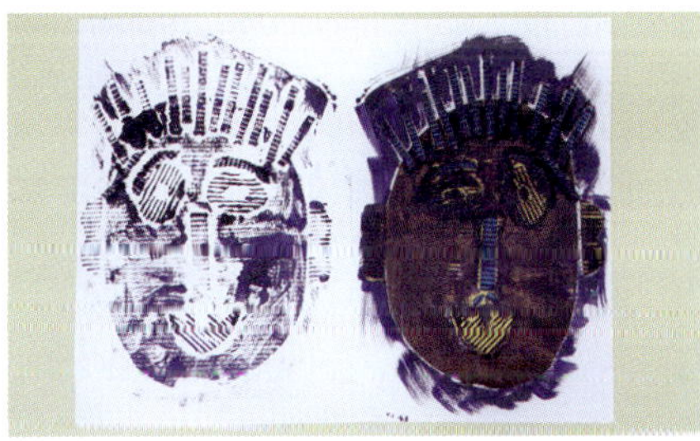

〈종이 판화〉

〈나뭇잎 판화〉

16 면봉으로 찍기(에펠탑)

활동목표
- 점묘법에 대해 안다.
- 점묘법을 이용하여 명화를 창의적으로 표현한다.

활동자료 면봉, 명화그림, 물감, 연필, 네임펜

활동방법

1. 점묘법으로 표현한 명화를 감상하며 어떤 방법으로 그린 것인지 관찰한다.
2. 점묘법에 대해 이야기를 나눈 후 점을 찍어 그림을 그릴 수 있는 방법에 대해 알아본다.
3. 면봉에 물감을 묻혀 여러 가지 점을 찍어본다.
4. 제시된 명화를 연필로 따라 그린 후 네임펜으로 윤곽선을 그린다.
5. 면봉에 물감을 묻혀 점을 찍어 그림을 완성한다.

✲ 도움말 및 확장활동

- 점묘법의 대표적인 화가는 쇠라, 시냐크, 더벨덤, 박수근, 김습 등이 있다.
- 원본 명화의 색과 다르게 영유아가 원하는 색으로 자유롭게 표현할 수 있다.
- 연령이 낮은 유아들은 많은 면을 채우기 힘들어 하므로 그림의 일부분만 면봉으로 찍어 표현해 볼 수 있다.
- 만 3, 4세 유아의 경우 그림의 도안을 미리 준비해 준다.
- 면봉 외의 다양한 물건(사인펜 뚜껑, 병뚜껑, 스펀지 등)으로 면을 채울 수 있다.

활동순서

❶

❷

❸

❹

관련 활동 사진

〈사인펜 뚜껑 찍기〉

17 비밀그림(바닷속)

활동목표
- 양초가 물과 섞이지 않는 성질이 있음을 안다.
- 양초로 그린 그림 위에 물감을 칠하면 나타나는 비밀 그림을 경험한다.

활동자료 양초, 도화지, 물감, 붓

활동방법

1. 양초를 만지면서 어떤 느낌인지 탐색하고 무엇으로 만들었는지 이야기를 나눈다.
2. 양초는 물에 섞이지 않는다는 특성이 있음을 알아본다.
3. 도화지에 양초로 그림을 그린 후 그림이 어떻게 보이는지 알아본다.
4. 그림이 안 보이는 이유에 대해 이야기를 나눈 후 그림이 보일 수 있는 방법에 대해 이야기를 한다.
5. 양초로 자유롭게 그림을 그린 후 물감을 칠한다.
6. 비밀 그림에 여러 가지 재료를 이용하여 꾸며 완성한다.

✲ 도움말 및 확장활동

- 사전활동으로 '물에 섞이는 것과 섞이지 않는 것' 실험을 할 수 있다.
- 양초로 점, 선, 면 등 다양하게 그림을 그려서 꾸며볼 수 있다.
- 다양한 재료(식초, 과일즙으로 그린 후 불에 말리기)를 가지고 비밀그림을 그릴 수 있다.
- 영유아가 비밀그림의 원리를 이해할 수 있도록 사전에 다양한 활동을 연계할 수 있다.

활동순서

❶

❷

❸

❹

관련 활동 사진

〈식초 비밀 그림 그리기〉

18 촛농으로 그리기(선인장)

활동목표
- 양초가 불에 녹는 성질의 변화가 있음을 안다.
- 선인장의 생김새를 알고 다양하게 표현한다.

활동자료 양초, 물감, 붓, 색지, 가위

활동방법

1. 양초를 탐색하고 촛농을 짙은색 도화지 위에 떨어뜨려 촛농의 성질(녹는 것, 굳는 것)을 경험해본다.
2. 선인장의 모습과 특징(가시)을 사진이나 실물을 보며 이야기를 나눈다.
3. 촛농을 이용하여 선인장 가시를 어떻게 표현할지 생각해 본다.
4. 도화지와 색지를 이용하여 선인장 모양으로 구성한다.
5. 선인장 위에 촛농을 떨어뜨린 후 이쑤시개로 촛농을 가시모양으로 표현한다.
6. 촛농이 굳으면 물감을 칠해 선인장을 완성한다.

✻ 도움말 및 확장활동

- 초의 손잡이 되는 부분을 포일이나 종이컵으로 손잡이를 만들어 촛농이 영유아의 손에 떨어지지 않게 한다.
- 초를 사용하기 전 초의 뜨거움과 불이 붙는 물질에 대해 충분히 이야기를 나누어 안전사고에 유의한다.
- 사전에 영유아가 촛농의 성질을 알 수 있도록 촛농을 떨어뜨려 자유화 그리기 활동을 할 수 있다.

활동순서

❶

❷

❸

❹

관련 활동 사진

〈매화꽃 구성하기〉

19 한지에 염색하기(접어서 오리기)

활동목표

- 한지가 물을 흡수하는 성질이 있음을 안다.
- 한지를 접어 물감을 묻혔을 때 색의 혼합으로 나타난 2차색을 탐색한다.

활동자료 한지 및 다양한 종이, 물감, 물감그릇, 가위

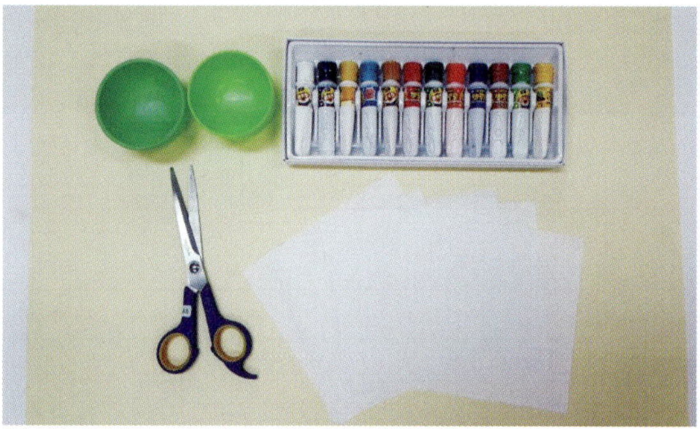

활동방법

1. 다양한 종이 재질에 따라 물감 흡수율의 차이를 느껴보고 흡수가 잘 되는 종이가 무엇인지 이야기한다.
2. 한지에 물들이고 싶은 색깔의 물감을 준비한다.
3. 자유롭게 접어서 모서리 한 부분씩 물감에 담가본다 .
4. 완성된 작품은 찢어지지 않게 잘 펴서 말린다.
5. 한지 물들인 것을 가지고 어떻게 변했는지, 색의 혼합은 어떻게 나타났는지 이야기를 나눈다.
6. 물감이 묻지 않은 다른 쪽 모서리를 다른 색깔 물감에 담가본다.
7. 접은 부분을 잘 펴서 색깔이 번진 모습을 관찰하고 그늘에 잘 말린다.

✻ 도움말 및 확장활동

- 한지에 물감색이 번져나가는 모습을 관찰할 수 있도록 한다.
- 한지를 접는 방법에 따라 펼쳤을 때 물감무늬가 다양하게 나오므로 여러 가지 방법으로 접을 수 있도록 한다.
- 물감 들이기를 한 한지를 말린 후 오리기, 그리기, 만들기 등의 다른 활동으로 연계할 수 있다.

활동순서

❶

❷

❸

❹

관련 활동 사진

〈한지 염색을 이용한 먹물로 그리기〉

〈손수건 염색하기〉

20 색종이 접기(작은 새)

활동목표
- 소근육을 조절하여 색종이를 접는다.
- 다양한 색의 색종이를 활용하여 색의 아름다움을 안다.

활동자료 색종이, 눈알, 가위, 풀

활동방법

1. 색종이의 다양한 색에 대해 알아본다.
2. 같은 넓이의 주름을(부채 접기) 앞뒤로 접는다.
3. 주름 접은 것 두 개를 만들고 반으로 접는다.
4. 풀칠해서 두 개의 색종이를 붙여 동그라미 모양으로 만든다.
5. 눈알을 붙이고 날개와 꼬리는 색종이를 오려 붙여서 새 모양을 완성한다.

✻ 도움말 및 확장활동

- 색종이 접기가 익숙하지 못한 유아에게는 교사가 시범을 보여 준다.
- 색종이를 접을 때에는 모서리가 잘 맞도록 알려주고 손가락으로 잘 접어 보는 연습을 통해 유아의 소근육발달을 돕도록 한다.
- 종이의 색깔, 재질, 크기, 두께 등 다양한 종이를 이용한 종이접기를 경험해 볼 수 있도록 준비한다.

활동순서

❶

❷

❸

❹

관련 활동 사진

〈새 모빌〉

〈한복 입은 아이들〉

21 종이 직조(컵받침)

활동목표

- 손의 협응력을 기른다.
- 직조기법을 이용하여 규칙성을 만들어 본다.

활동자료 도화지, 색종이, 가위, 칼, 색연필

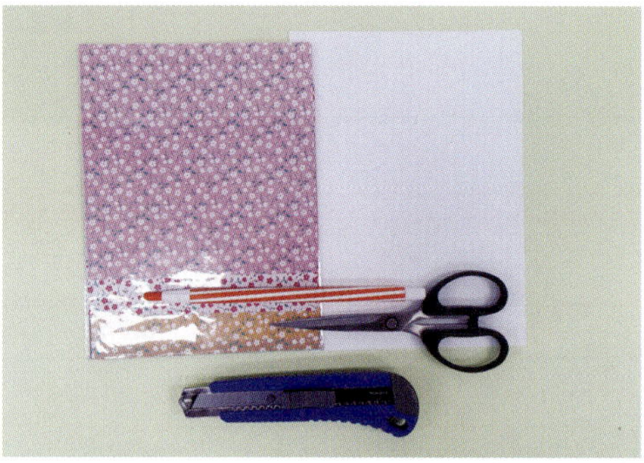

활동방법

1. 여러 가지 재료로(종이, 실, 나뭇가지, 풀잎) 만든 직조작품을 탐색해 본다.
2. 가로, 세로 방향으로 번갈아가며 만들어 내는 직조 원리를 이야기 나눈다.
3. 밑그림이 그려진 도화지에 가장자리를 색칠하거나 꾸민 후에 가로나 세로의 칼집을 낸다.
4. 같은 폭으로 길게 자른 색종이 끈을 칼집을 낸 도화지에 아래 위로 번갈아 가며 끼워 넣는다.
5. 직조를 완성하고 움직이지 않게 뒷면에서 고정해 준다.

✻ 도움말 및 확장활동

- 직조판은 교사가 미리 준비한다.
- 직조는 규칙성이 있기 때문에 원리를 이해하지 못한 유아에게는 시범을 보여 주며 친절히 설명한다.
- 종이의 넓이를 가늘게 또는 굵게 준비해 주거나 종이 이외에 다른 질감의 재료를 주어 다양한 직조활동을 해 볼 수 있도록 한다.
- 바깥놀이에서 자연물 직조로 연계하여 활동할 수 있다.

활동순서

❶

❷

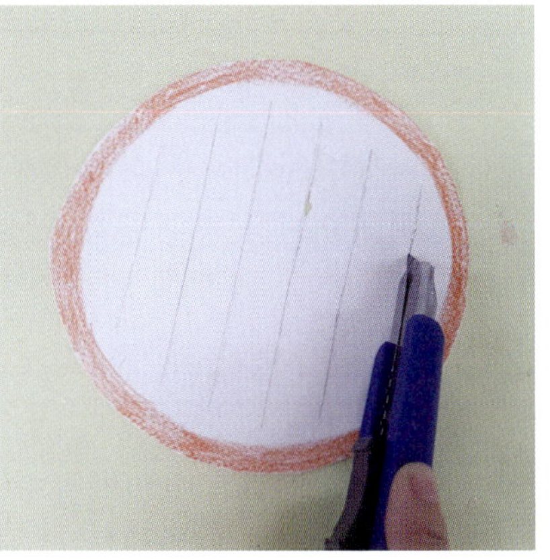

❸

❹

관련 활동 사진

〈직조 물고기〉

〈나뭇잎과 풀을 이용한 자연물 직조〉

22 잡지 콜라주(내 얼굴)

활동목표
- 필요한 자료를 찾아 활용하는 경험을 가진다.
- 오리거나 찢은 잡지를 이용하여 형태를 표현한다.

활동자료 색지, 잡지, 가위, 풀

활동방법

1. 잡지책 안의 여러 가지 그림을 보며 자유롭게 이야기를 한다.
2. 색지를 여러 가지 얼굴 모양으로 자유롭게 오린다.
3. 잡지에서 영유아가 표현하고자 하는 것에 따라 원하는 그림이나 사진을 오린다.
4. 얼굴모양 색상지 위에 영유아가 붙이고 싶은 대로 풀칠해 꾸며 완성한다.

✽ 도움말 및 확장활동

- 잡지에 있는 사물의 모양대로 오릴 수도 있지만 마음대로 모양을 오려서 사용해보는 방법도 제안해 주고 가위질 외에도 찢기를 해 보는 것도 소근육발달에 도움이 된다.
- 콜라주는 풀로 붙여 구성하는 기법으로, 처음에는 종이만 사용하다가 후에 다양한 종류의 재료(화면에 인쇄물, 천, 쇠붙이, 나무조각, 모래, 나뭇잎 등)로 응용하도록 한다.
- 영유아들이 다양한 재료를 자유롭게 붙여서 창의적으로 활동하도록 한다.

활동순서

❶

❷

❸

❹

관련 활동 사진

〈잡지와 물감을 이용한 몽타주〉

23 막대로 꾸미기(공작새)

활동목표
- 나무막대의 모양과 성질을 안다.
- 막대를 이용하여 공작새를 표현한다.

활동자료 아이스크림 막대, 색지, 목공풀, 네임펜, 스팽글

활동방법

1. 공작새를 보았던 경험과 사진, 영상을 보며 이야기 나눈다.
   - 공작새는 꼬리를 왜 펼치(짝짓기, 상대방에게 겁을 줄 때)는 걸까?
   - 꼬리를 모두 펼치니 어떤 모양으로 변했니?
2. 아이스크림 막대를 공작새의 어느 부분으로 표현할지 알아본다.
3. 공작새의 몸 모양으로 오린 색지 위에 아이스크림 막대를 펼쳐 붙인다.
4. 공작새의 꼬리, 얼굴, 다리를 그려 꾸민다.
5. 아이스크림 막대 위에 목공용 접착제를 사용하여 스팽글을 붙여 꾸민다.

✻ 도움말 및 확장활동

- 아이스크림 막대 이외에도 공작새의 날개를 꾸밀 수 있는 다양한 재료를 사용할 수 있도록 한다(예 : 깃털, 수수깡, 부직포, 뽕뽕이 등).
- 공작새 크기를 다르게 하거나 평면이 아닌 입체적인 공작새를 만들어 여러 유아의 작품을 벽면에 전시하거나 모빌로 걸어준다.

활동순서

❶

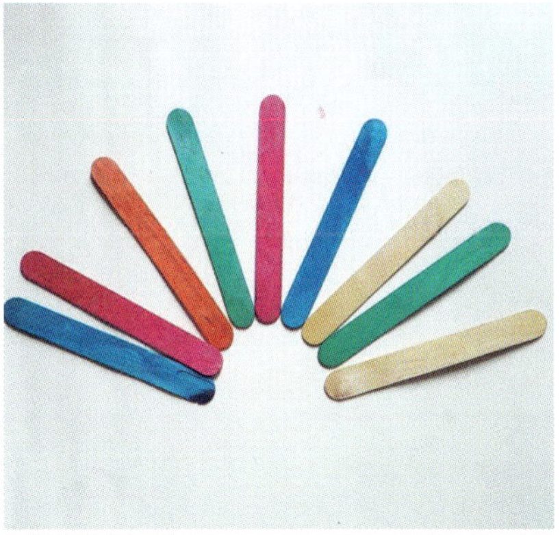

❷

❸

❹

관련 활동 사진

〈막대를 이용한 아이스크림 만들기〉

24 반짝이 줄로 꾸미기(불꽃놀이)

활동목표
- 밤하늘을 밝히는 폭죽의 특성을 알아본다.
- 반짝이 줄을 이용하여 다양한 반짝거림을 표현해 본다.

활동자료 반짝이줄, 색지, 목공용 접착제, 가위, 사인펜

활동방법

1. 불꽃놀이를 본 경험에 대해서 이야기 나눈다.
   - 불꽃놀이를 언제 어디에서 보았는지?
   - 어떤 모양의 불꽃들을 보았는지?
2. 불꽃놀이가 낮과 밤 중에 언제 더 멋지게 보일지 이야기해 본다.
3. 어두운 색깔의 종이(밤의 느낌)에 건물을 그리고 오려 붙인다.
4. 밝은 색깔의 색종이를 이용하여 창문을 붙여 꾸민다.
5. 반짝이 장식줄을 적당한 길이로 잘라서 불꽃을 표현해 본다.
6. 더 표현하고 싶은 것(별, 달 등)이 있으면 자유롭게 표현한다.

✽ 도움말 및 확장활동

- 반짝이 줄이 아닌 다른 재료를 이용하여 불꽃놀이를 표현해 볼 수 있다.
- 위의 배경을 그대로 두고 솜이나 흰색 작은 퐁퐁이 등을 이용하면 눈 오는 밤을 표현할 수도 있다.
- 스크래치 그림을 이용하여 불꽃놀이 활동을 할 수 있다.

활동순서

❶

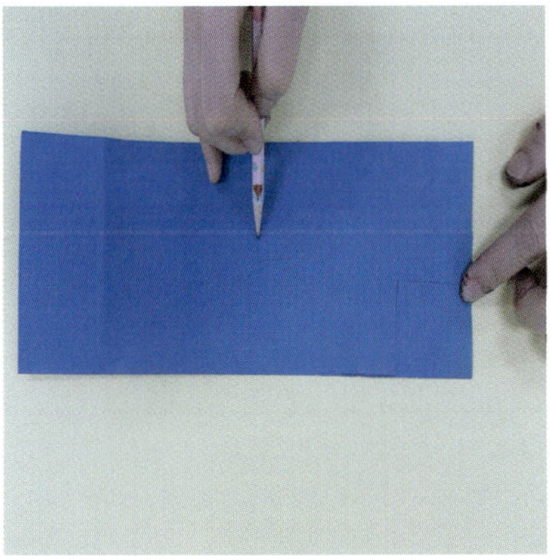

❷

❸

❹

관련 활동 사진

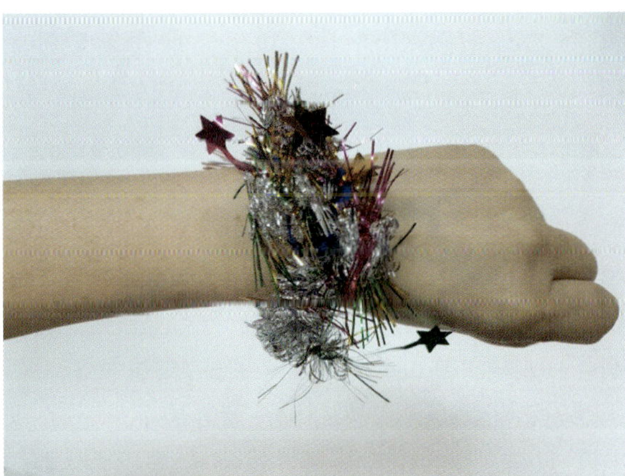

〈반짝이줄을 이용한 팔찌 만들기〉

25 크래프트지로 만들기(동물모자)

활동목표

- 크래프트지를 살펴보고 종이의 특징을 탐색해 본다.
- 종이를 사용하여 입체로 동물의 특징을 고깔에 표현한다.

활동자료 소포지, 동물 눈, 자연물(낙엽 등), 색지, 끈

활동방법

1. 크래프트지와 다른 종류의 종이를 가지고 질감의 차이를 비교한다.
2. 고깔에 동물 얼굴의 특징을 표현할 수 있도록 구체적으로 동물 얼굴에 대해 이야기를 나눈다.
3. 꾸미기 재료로 영유아가 어떤 동물을 어떻게 표현할지 생각해 본다.
4. 소포지로 작은 고깔을 만들고,낙엽으로 귀를 붙인다.
5. 꾸미기 재료로 눈, 코, 입, 수염을 붙이고 양옆에 끈을 달아 완성한다.

✻ 도움말 및 확장활동

- 다양한 동물들을 만들어 볼 수 있도록 교사가 격려해 주고, 만든 고깔은 동극의 소품으로 사용할 수 있다.
- 고깔모양 이외에도 크래프트지를 이용한 다양한 모자를 만들어 본다.
  - 길쭉한 띠에 나뭇잎을 이용하여 인디언 모자를 만들어 본다.
  - 배 접기를 이용한 고깔을 만들어 한지를 붙여 우리나라 주제에 사용할 수 있는 고깔모자 만들기로 확장할 수 있다.

활동순서

❶

❷

❸

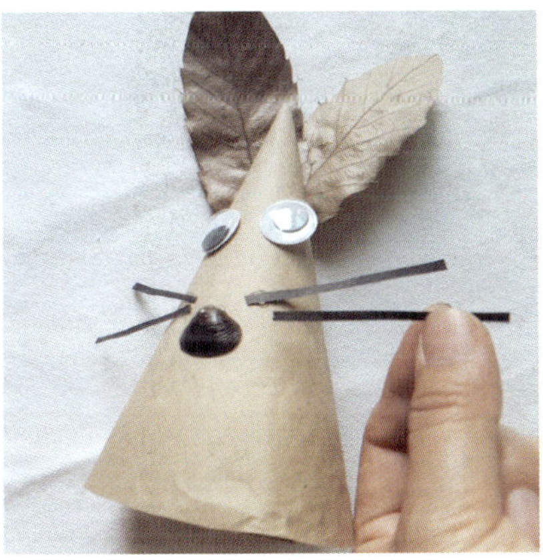

❹

관련 활동 사진

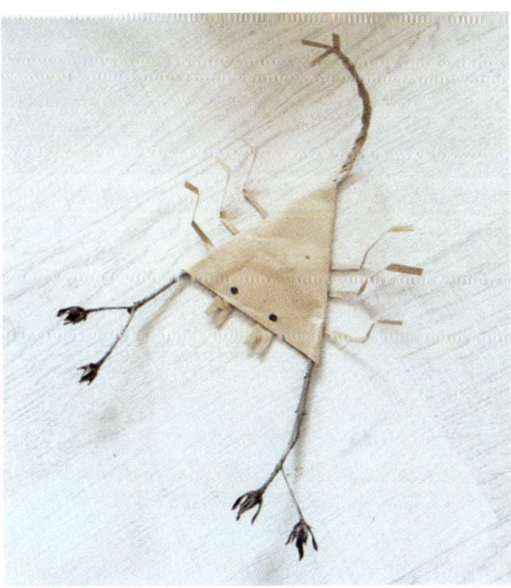

〈크래프트지로 만든 전갈〉

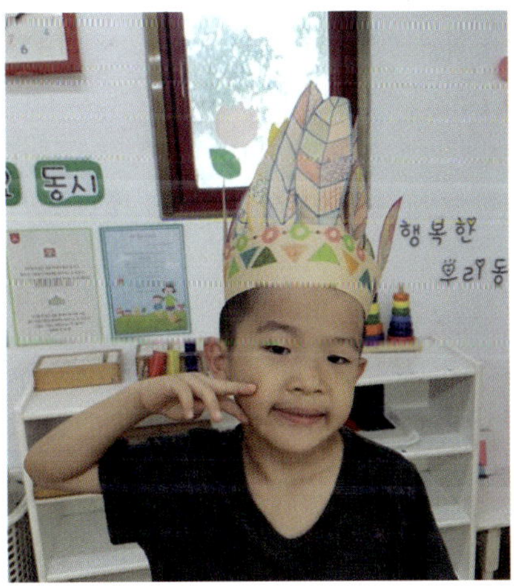

〈인디언 모자〉

26 풍선으로 만들기(내 친구)

활동목표
- 친구의 얼굴에 관심을 가지고 탐색한다.
- 풍선을 이용하여 사람을 만드는 경험을 하며 즐긴다.

활동자료 풍선, 색지, 꾸미기 종이, 가위, 유성매직(색연필,네임펜), 유아사진

활동방법

1. 바깥놀이에서 풍선을 가지고 놀았을 때 재미있었던 일이 무엇인지, 발견한 점이 무엇인지를 이야기한다.
2. 풍선을 이용하여 친구를 만드는 방법에 대해 함께 이야기한다.
3. 풍선을 불기 전에 풍선에 붙일 시트지를 여러 가지 모양으로 오린다.
4. 풍선을 적당한 크기로 불어 매듭을 짓고 불어 놓은 풍선에 시트지를 붙여서 몸통을 꾸민다.
5. 친구의 얼굴사진과 다리를 꾸며서 풍선에 붙여 완성한다.

✲ 도움말 및 확장활동

- 풍선을 불기 힘든 친구나 풍선 매듭은 교사가 도와준다.
- 바깥놀이 시간에 유아들이 풍선을 가지고 자유롭게 불고 날려 볼 수 있다.
- 풍선으로 친구 만들기 한 것을 가지고 천장에 모빌처럼 달아서 교실을 꾸민다.

활동순서

❶

❷

❸

❹

관련 활동 사진

〈풍선을 이용한 물고기 만들기〉

27 모루로 만들기(색안경)

활동목표
- 셀로판지의 특성과 빛이 있을 때 색의 변화를 탐색한다.
- 모루의 잘 구부러지는 성질을 안다.

활동자료 셀로판지, 모루, 목공용 접착제, 가위

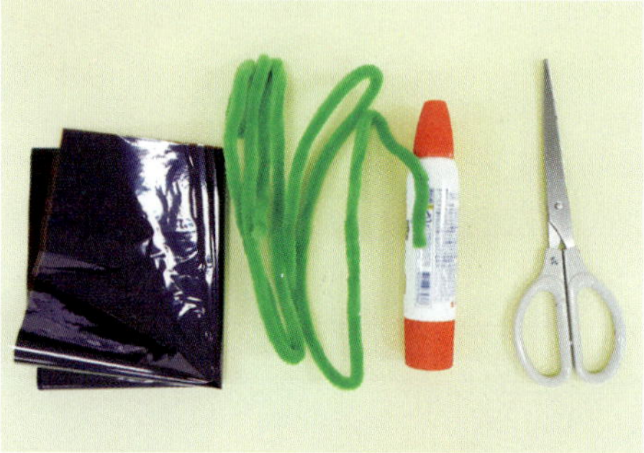

활동방법

1. 눈부신 햇살을 피하기 위한 방법을 알아보고 선글라스를 썼던 경험에 대하여 이야기 나눈다.
2. 모루를 가지고 구부리기, 감아보기, 뭉쳐보기 등 탐색을 해보거나 셀로판지를 가지고 눈을 가려보거나 여러 장 겹쳐서 색이 어떻게 변하는지 탐색한다.
3. 준비한 모루와 셀로판지를 보여 주고 어떻게 만들지 이야기 나눈다.
4. 모루를 자유롭게 구부리고 꼬면서 내 눈에 맞는 선글라스 모양을 만들어 본다.
5. 햇볕을 가리기 위해 셀로판지로 선글라스 유리 부분에 맞는 크기로 자르고 목공용 접착제을 이용하여 선글라스 테에 셀로판지를 붙여 완성한다.
6. 바깥놀이 시간에 선글라스가 잘 맞는지 쓰고 놀이한다.

＊ 도움말 및 확장활동

- 재료의 특성을 알기 위해 모루나 셀로판지를 탐색할 시간을 충분히 준다.
- 유아가 눈 위치와 셀로판지로 선글라스 유리 부분의 크기를 맞추기 어려워하면 셀로판지를 코팅해준다.
- 역할놀이 영역에서 사후활동으로 안경점 놀이를 할 수 있다.

활동순서

❶

❷

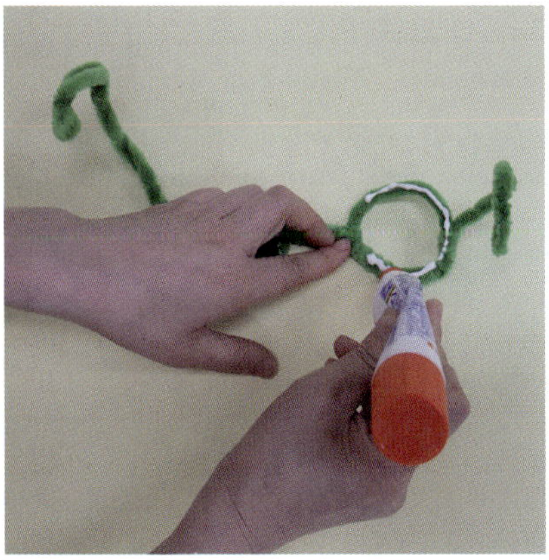

❸

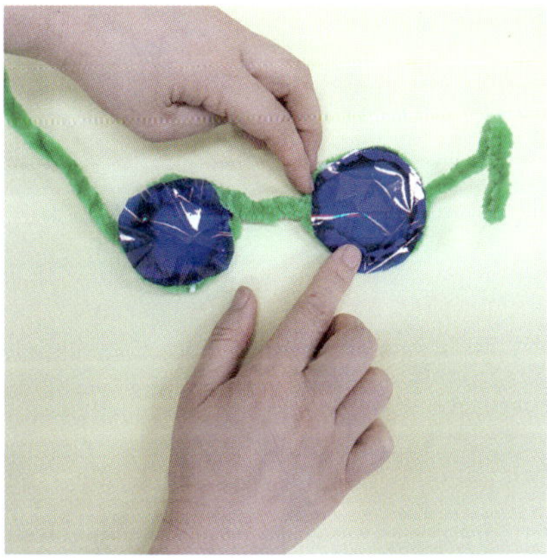

❹

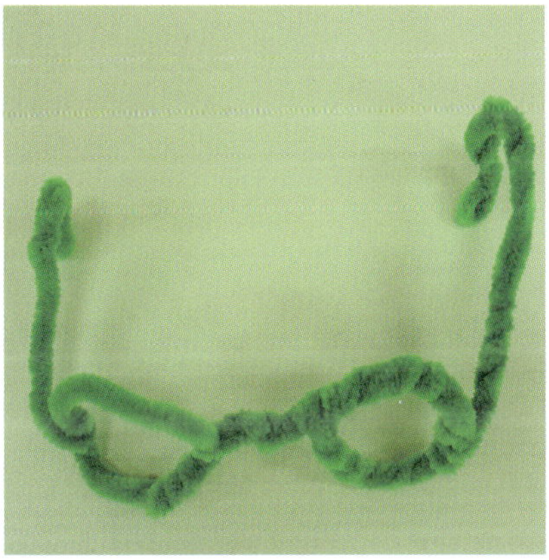

관련 활동 사진

〈모루를 이용한 운동경기 선수들〉

28 빨래집게로 만들기(음식 먹는 사람)

활동목표
- 빨래집게의 움직이는 원리에 대해 탐색한다.
- 빨래집게를 이용하여 움직이는 사람의 입모양을 표현한다.

활동자료 두꺼운 도화지, 빨래집게, 연필, 사인펜, 가위, 목공풀

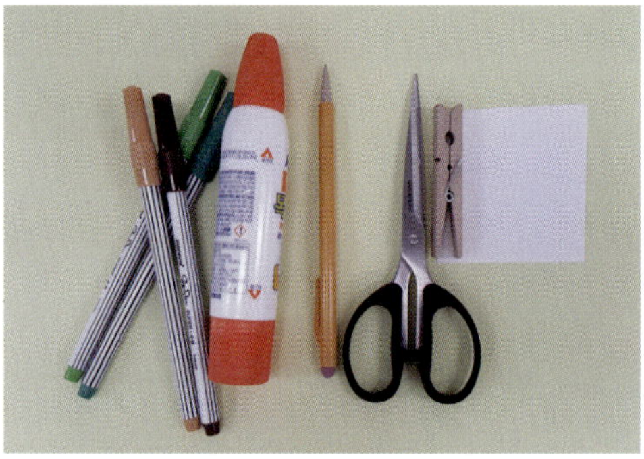

활동방법

1. 빨래집게를 언제, 어떻게, 무엇을 할 때 사용하는지 빨래집게의 원리에 대해 이야기하면서 탐색한다.
2. 빨래집게의 원리를 이용하여 움직이는 입모양을 어떻게 만들 수 있을지 다양한 생각을 이야기한다.
3. 사람 옆 얼굴을 그리고, 사인펜으로 색을 칠한 후, 가위로 오려낸다.
4. 입 부분을 잘라 빨래집게 앞부분 위 · 아래에 목공용 접착제로 붙여준다.
5. 다양한 음식 먹기 활동을 할 때는 빨래집게 뒷부분 아래쪽에 음식을 그려붙인다.
6. 손가락으로 집게를 눌러 입모양이 움직이는 활동을 다양하게 한다.

✻ 도움말 및 확장활동

- 입이 움직이므로 올바른 식습관 지도를 위하여 여러 가지 음식모양의 그림 자료나 모형들을 준비하여 인형극놀이를 할 수 있다.
- 조작영역에 빨래집게가 동물의 다리가 되는 교구를 제공해 준다.
- 동화 속의 등장인물들을 만들어 인형극이나 동극으로 연계할 수도 있다.

활동순서

❶

❷

❸

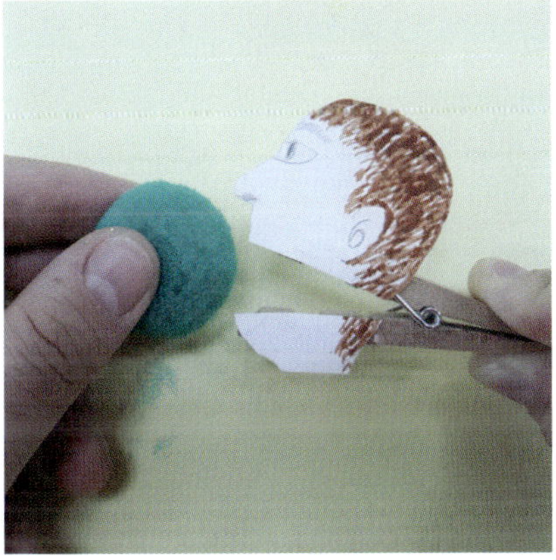

❹

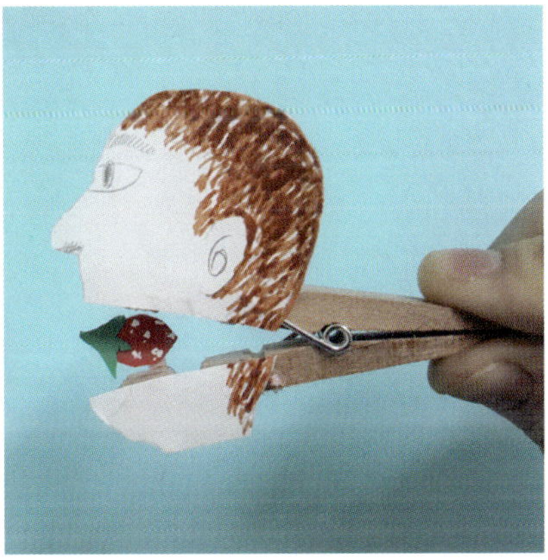

관련 활동 사진

〈우레탄 사람 얼굴과 입모양〉

〈빨래집게를 이용한 비행기〉

29 EVA로 만들기(롤러코스터)

활동목표
- EVA와 동철사 재료의 성질을 탐색한다.
- 입체구성활동을 통해 조형감과 형태를 구성하는 능력을 기른다.

활동자료 여러 가지 색깔의 EVA, 목공용 접착제, 가위, 동철사

활동방법

1. 손으로 힘을 주면 구부러지는 동철사의 특징을 탐색한다.
2. 다양한 두께의 EVA 조각을 만져보며 종이와 다른 감촉을 비교하여 본다.
3. EVA 동그라미, 세모, 네모, 하트, 별 등 모양을 자유롭게 오려낸다.
4. 오려낸 여러 가지 EVA 조각 위에 무늬를 넣어 꾸며준다.
5. 동철사를 손으로 만져 자유롭게 형태를 구부린다.
6. 동철사 모양에 EVA 조각과 EVA 조각 사이에 빨대를 넣어 마음대로 끼운다.
7. 튼튼한 고정판에 만든 놀잇감을 고정시켜 완성한다.

✻ 도움말 및 확장활동

- 철사를 자르거나 EVA를 동철사에 끼울 때에는 교사가 도와주고 길고 뾰족한 동철사를 안전하게 다룰 수 있도록 한다.
- 영유아 혼자서 만들기 어려워하면 공동작품으로 구성할 수 있다.
- 조작놀이영역에 영유아가 만든 것을 제시하여 놀이할 수 있도록 한다.

활동순서

❶

❷

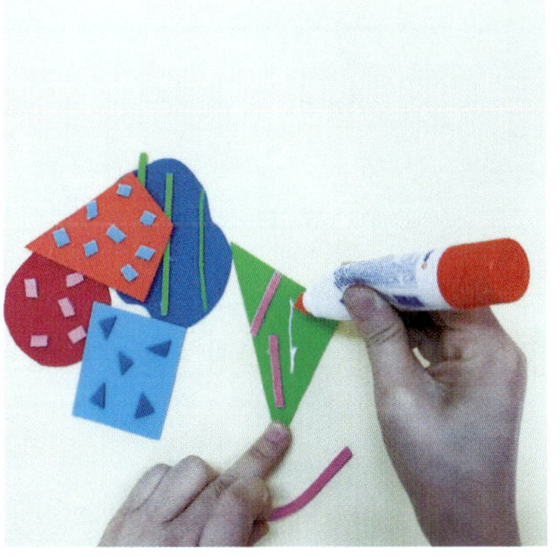

❸

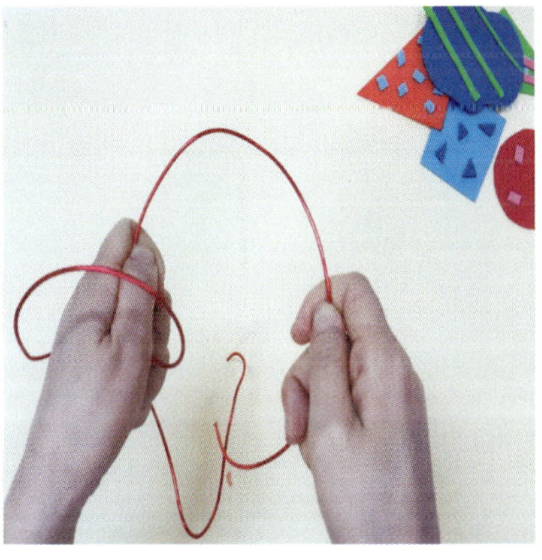

❹

관련 활동 사진

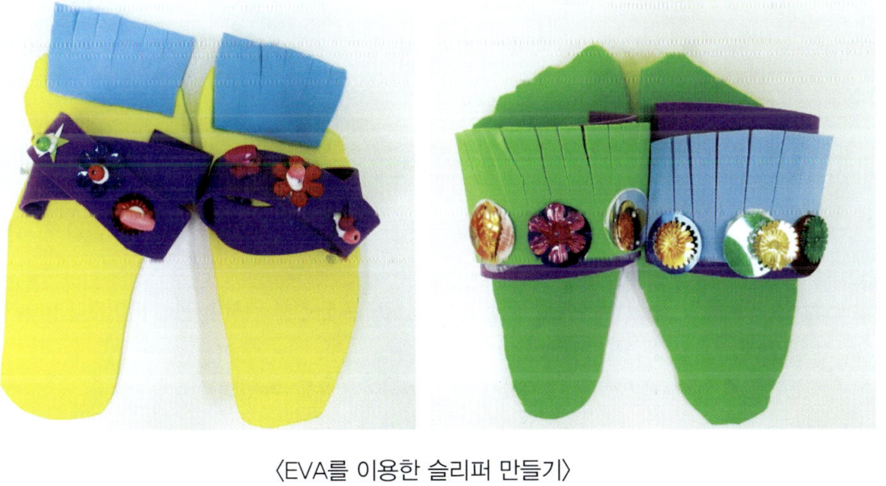

〈EVA를 이용한 슬리퍼 만들기〉

30 동철사로 만들기(교통기관)

활동목표
- 동철사가 부드럽게 구부지는 특성을 탐색한다.
- 동철사로 여러 가지 형태를 만드는 과정을 경험한다.

활동자료 도화지, 동철사, 가위, 퐁퐁이, 사인펜

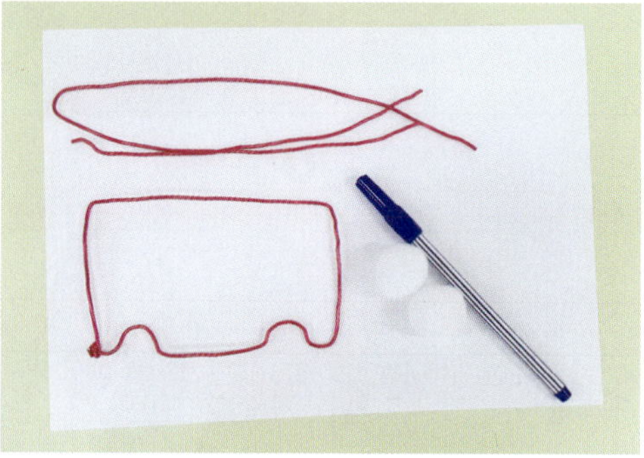

활동방법

1. 동철사를 구부리고, 뭉치고, 만지면서 특성을 탐색한다.
2. 어떤 교통기관을 만들지 생각해 본다.
3. 동철사를 구부려서 원하는 모양의 교통기관을 만들고 퐁퐁이를 붙인다.
4. 도화지를 바닥에 놓고 내가 만든 교통기관의 테두리를 따라 그려본다.
5. 교통기관 내부에 있는 기계부품이나 타고 있는 사람들을 자유롭게 그려서 완성한다.

✻ 도움말 및 확장활동

- 유아의 생각만으로 철사를 구부려서 교통기관을 만드는 것이 어려울 때에는 그림을 먼저 그리고 철사를 구부려서 교통기관을 만들도록 한다.
- 철사의 끝부분 단면에 유아의 손이 긁힐 수 있으므로 안전을 위하여 전선 테이프나 비닐 테이프를 감아주고 안전하게 활동한다.
- 교통기관 이외에 다양한 주제로 동철사를 이용하여 활동할 수 있다.
- 동철사 교통기관을 가지고 쌓기 영역에서 놀이할 수 있다.

활동순서

❶

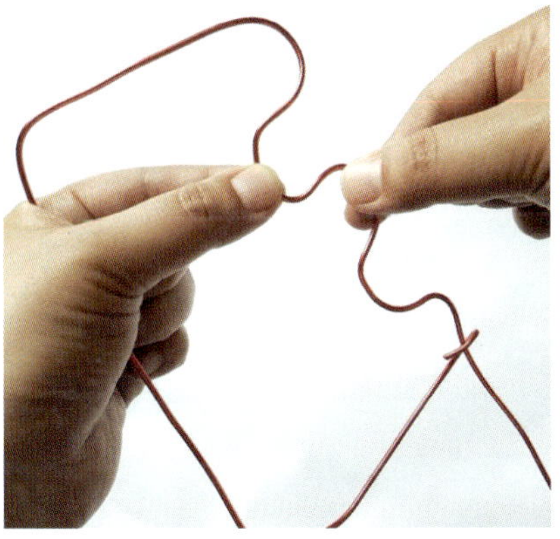

❷

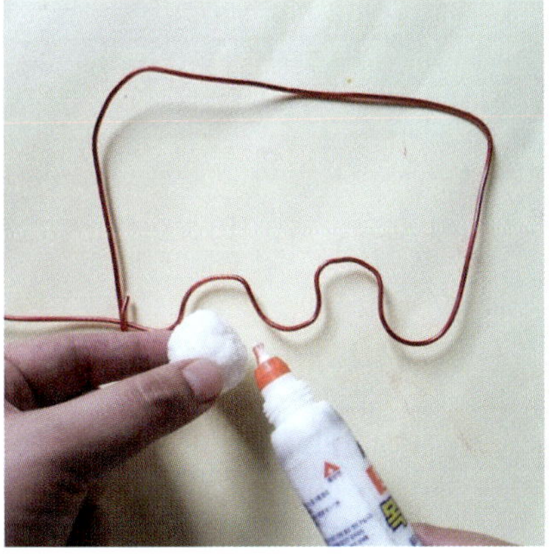

❸

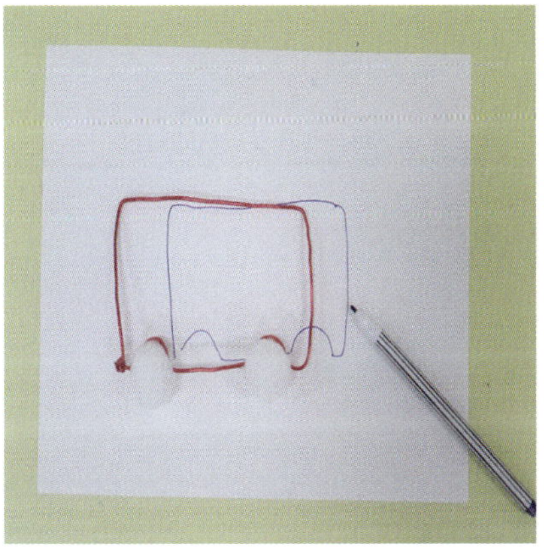

❹

관련 활동 사진

〈동철사로 바구니 만들기〉

31 지점토로 만들기(가방 장식품)

활동목표
- 지점토의 특성을 탐색한다.
- 소근육을 이용하여 여러 가지 형태와 모양을 구성한다.

활동자료 지점토, 풀잎, 목공용 접착제

활동방법

1. 지점토를 만지면서 느낌과 촉감을 탐색해 본다.
2. 가방에 거는 장식품을 지점토로 만들 수 있는 방법을 이야기 나눈다.
3. 지점토를 가방걸이 크기만큼 4등분하여 나눈다.
4. 손으로 지점토를 잘 주무르며 내가 만들고 싶은 모양과 형태를 만든다.
5. 지점토가 굳기 전에 구멍을 뚫는다.
6. 지점토 위에 풀잎을 올려서 잘 누르면서 목공용 접착제로 충분히 덧칠한다.
7. 지점토 가방걸이를 그늘에서 잘 말린 후에 고리를 가방에 걸고 다닌다.

✲ 도움말 및 확장활동

- 지점토를 두드리고 찔러보고 잘라보고 눌러보면서 자유롭게 탐색해 보는 시간을 충분히 준다.
- 구멍을 뚫을 때에 도움이 필요하면 교사가 도와주거나 위험하지 않게 펜 종류를 주어 뚫을 수 있도록 한다.
- 지점토 위에 장식할 때 주변의 다양한 자연물을 이용하도록 한다.
- 모양을 다양하게 만들 수 있도록 격려한다.

활동순서

❶

❷

❸

❹

관련 활동 사진

〈여러 가지 자연물을 이용한 열쇠고리〉

32 폼클레이로 만들기(손거울)

활동목표
- 거울의 특성을 경험한다.
- 폼클레이 점토를 활용하여 창의적으로 거울을 만들어 본다.

활동자료 안전거울, 두꺼운 도화지, 폼클레이, 부재료, 양면테이프

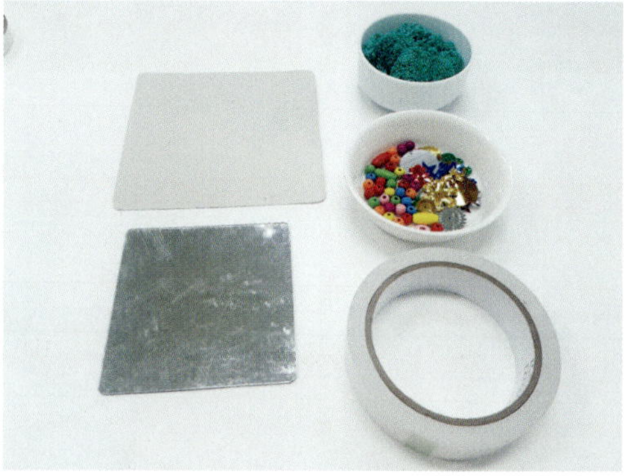

활동방법

1. 거울의 특징에 대해 탐색한다.
2. 폼클레이를 소개하고 점토를 만져보며 다른 점토와의 차이점을 알아본다.
3. 두꺼운 도화지에 양면테이프로 안전거울을 붙인다.
4. 안전거울 사이에 폼클레이 점토를 모양을 내어 붙인다.
5. 다양한 부재료를 사용하여 다양하게 꾸며 완성한다.

✲ 도움말 및 확장활동

- 거울을 다양하게 탐색할 수 있도록 충분한 시간을 주고 과학영역에서 반쪽 모양 관찰, 반사 등 다양한 놀이를 할 수 있도록 준비해 준다.
- 점토에 붙일 다양한 부재료를 준비한다(인공물, 자연물).
- 점토의 색깔을 다양하게 준비해 주고 다양한 주제의 거울 만들기를 하거나 거울의 모양을 다양하게 줄 수 있으며, 은박지 포일, 거울지를 사용할 수 있다.
- 거울이 아닌 다양한 재료에 폼클레이 점토로 창의적으로 입체감을 표현하는 활동을 해본다.

활동순서

❶

❷

❸

❹

관련 활동 사진

〈컬러점토를 이용한 세계 여러 나라 사람〉

33 종이죽으로 만들기(탈)

활동목표
- 종이죽의 특성을 탐색한다.
- 우리나라의 전통예술인 탈의 형태와 선을 비교한다.

활동자료 판매용 탈, 종이죽, 물감, 색연필, 고무줄

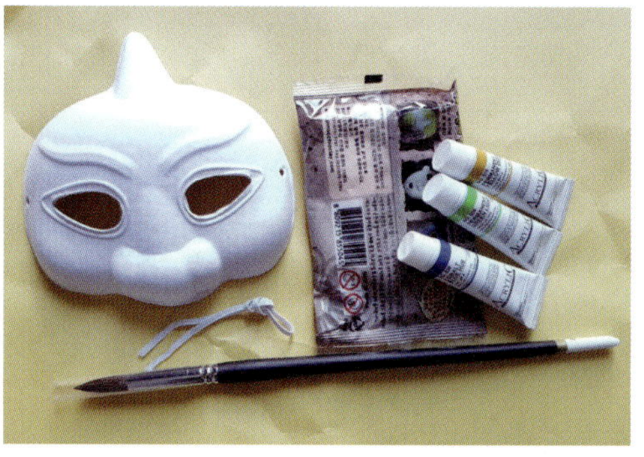

활동방법

1. 탈의 모양, 선, 색, 쓰임에 대해서 이야기를 나눈다.
2. 냄새 맡아보기, 뭉치기, 밀기 등의 다양한 방법으로 종이죽을 탐색한다.
3. 종이죽의 촉감과 특성이 어떤지 설명한다.
4. 종이죽을 뜯어서 판매용 탈의 원하는 부분에 마음대로 붙인다.
5. 종이죽을 붙인 탈을 통풍이 잘 되는 곳에서 말린다.
6. 물감으로 색을 칠하고, 색연필로 꾸며서 탈을 창의적으로 만든다.

✽ 도움말 및 확장활동

- 우리나라의 탈의 종류는 양주 별산대 놀이 탈, 하회 별신굿 탈, 북청 사자 놀이, 오광대 등이 있다.
- 판매용 종이죽이나 탈이 없을 시에는 신문지나 재활용 종이를 찢어서 물에 불려 밀가루 풀을 넣어 직접 종이죽을 만들어 사용할 수 있다.
- 소꿉놀이 영역에 주제에 맞는 다양한 탈을 제공해 준다.
- 영유아가 전통 탈을 쉽게 만들기 위해서는 다양한 우리나라 탈의 종류를 그림으로 보여 주고 창의적으로 표현할 수 있도록 도와준다.

활동순서

❶

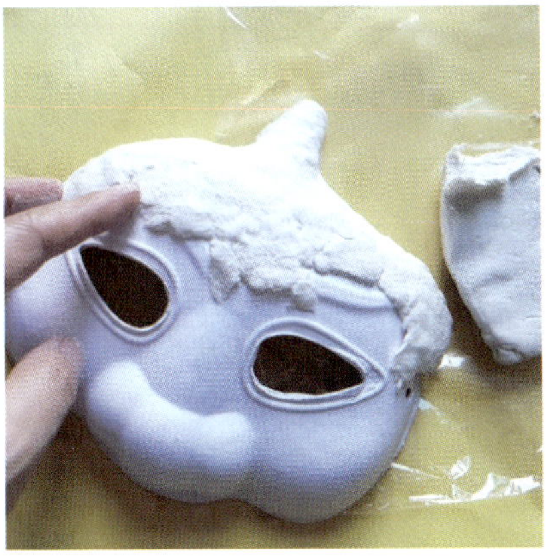

❷

❸

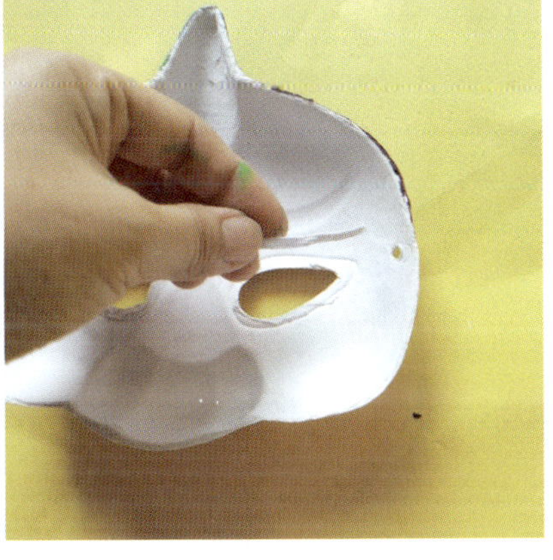

❹

관련 활동 사진

〈탈을 쓴 어린이〉

〈신문지로 만든 종이죽 바구니〉

34 도예토로 만들기(액자)

활동목표
- 도예토의 특성을 탐색한다.
- 도예토의 성질을 활용하여 작품을 표현한다.

활동자료 도예토, 칼, 찍기 틀, 끈, 밀대

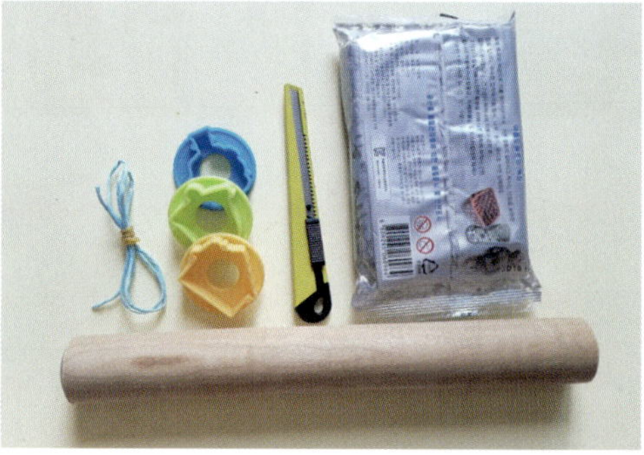

활동방법

1. 도예토를 만져보거나 비벼보면서 다른 점토와 다른 성질을 비교한다.
2. 도예토로 만든 작품을 보여 주며 어떻게 만들었는지 왜 딱딱한지 이야기 나눈다.
3. 도예토를 밀대로 밀고 세모, 네모, 하트 중 한 가지 모양을 정한 뒤에 정한 모양대로 칼을 가지고 도예토 가운데를 오려낸다.
4. 오려낸 모양 도예토를 가지고 장식할 부분을 찍기 틀로 다양하게 찍는다.
5. 액자 틀에 틀로 찍어낸 다양한 모양을 물을 묻혀서 장식할 부분에 붙인다.
6. 전자레인지에 1분 30초에서 2분 정도 구워내어 마감제(바니시)를 바른다.
7. 가족사진을 넣어 완성한다.

✻ 도움말 및 확장활동

- 도예토를 전자렌지에 넣어 돌리면 딱딱해지는 특징이 있으므로, 도자기 만들기를 쉽게 하고자 할 때는 도예토로 사용할 수 있다.
- 액자틀에 이쑤시개나 사인펜 뚜껑으로 찍어 무늬를 꾸밀 수 있다.

활동순서

❶

❷

❸

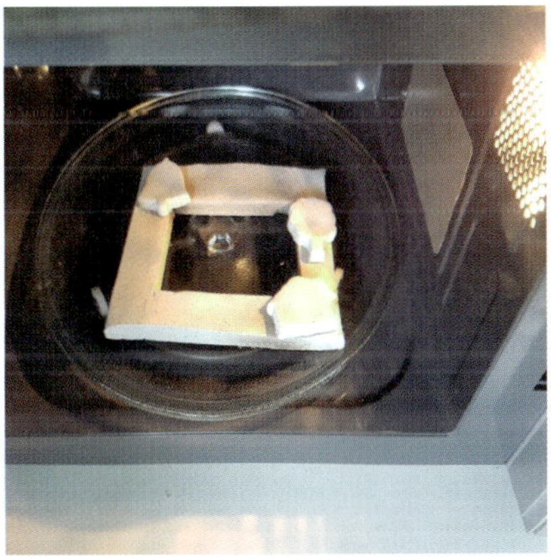

❹

관련 활동 사진

〈도예토 촛대와 액자〉

제3장

재활용품을 활용한 미술활동

그리기

꾸미기 만들기

조소

35 신문지에 그리기(매화와 대나무)

활동목표
- 신문지 위에 그려지는 동양화의 아름다운 멋을 느낀다.
- 신문지와 다양한 종이의 다른점을 비교한다.

활동자료 신문지, 붓펜, 포장지, 검정도화지

활동방법

1. 신문지를 가지고 찢어보기, 소리 내기, 불어보기 등 다양하게 탐색한다.
2. 신문지와 다른 종이와 질감과 두께가 어떻게 다른지 이야기한다.
3. 신문지에 붓펜으로 자유롭게 그린다.
4. 띠로 자른 색상지에 풀칠하여 신문지 사각 모서리에 포장지를 붙인다.
5. 검정도화지를 신문지 뒷면에 붙여 액자처럼 완성한다.

✱ 도움말 및 확장활동

- 사전에 신문지를 가지고 다양한 체험활동을 할 수 있다.
- 사용하지 않는 잡지, 복사지 이면지 등 다양한 재활용 종이를 사용할 수 있다.
- 먹물이 옷에 묻으면 지워지지 않으므로 미술용 앞치마를 입고 활동한다.
- 붓펜으로 그림을 그리고 물감을 색칠하여 수묵 담채화를 표현할 수 있다.
- 직접 먹물을 준비하여 먹물의 농도에 따라 다르게 나타나는 그림을 비교할 수 있다.
- 옛날 물건인 벼루와 먹, 붓, 한지 등을 살펴보고 그려보는 경험을 한다.

활동순서

❶

❷

❸

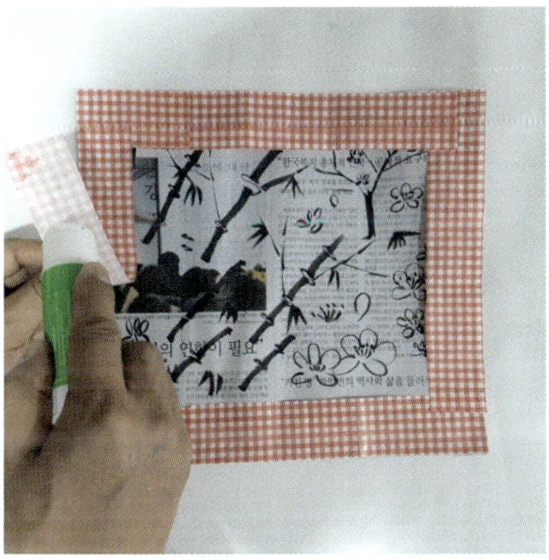

❹

관련 활동 사진

〈폐품 골판지에 꾸미기〉

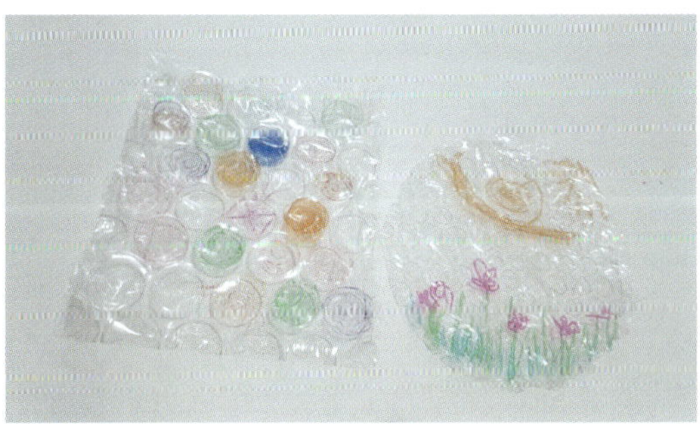

〈에어캡에 네임펜으로 꾸미기〉

36 비닐봉투에 그리기(곰돌이 가면 인형)

활동목표
- 동물모형을 만들어 즐겁게 놀이할 수 있다.
- 비닐을 재활용하여 환경오염을 줄일 수 있음을 안다.

활동자료 재활용 비닐, 검정 유성펜, 지끈, 고무줄

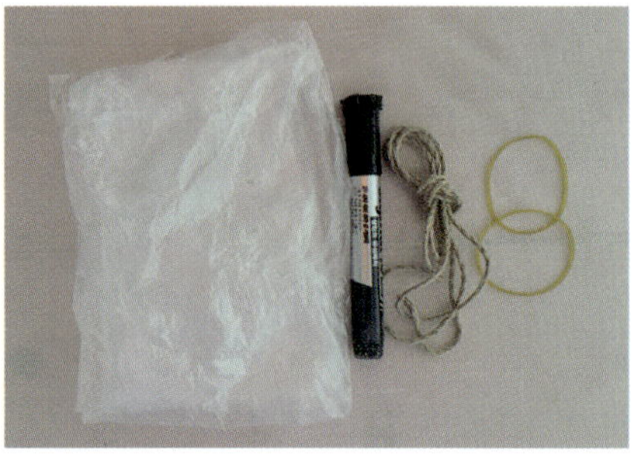

활동방법

1. 사용하는 물건들 중에 재활용이 가능한 것들을 찾아본다.
2. 사용했던 비닐을 이용하여 꾸밀 수 있는 다양한 방법을 이야기 나눈다.
3. 바깥놀이 시간에 나뭇잎을 가지고 만져보기, 냄새 맡기, 찢어보기, 날려보기 등 다양한 놀이와 탐색을 한다.
4. 비닐에 나뭇잎을 주워 담고 비닐의 밑부분을 지끈으로 묶는다.
5. 위의 양 모퉁이를 고무줄로 묶어 귀 모양을 만들고, 유성매직으로 눈, 코, 입을 그린다.
6. 영 · 유아와 함께 가면놀이를 한다.

✲ 도움말 및 확장활동

- 생활 속에서 손쉽게 구할 수 있는 다양한 비닐을 제공해 준다.
- 비닐 안에 가득 채워 넣을 수 있는 재료들을 다른 재활용 용품들 중에서 찾아보고 쓰레기가 많이 나오지 않는 방법에 대한 이야기를 나눈다.
- 비닐을 이용하여 만들기, 그리기 외에도 과학 활동으로 연계할 수 있다.

활동순서

❶

❷

❸

❹

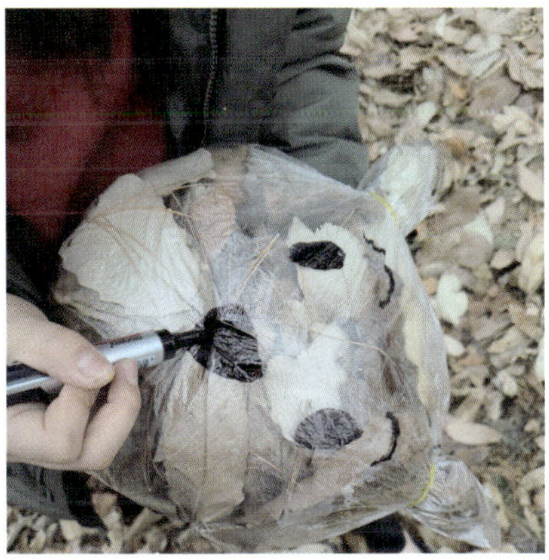

관련 활동 사진

〈비닐 인형〉

〈비닐 낙엽 뱀〉

37 휴지심으로 만들기(친구)

활동목표
- 원통 모양으로 이루어진 사물이나 물체가 있음을 안다.
- 다양한 재료를 사용하여 조화롭게 친구를 표현한다.

활동자료 휴지심(포일심, 옥수수 속대), 끈, 퐁퐁이, 스팽글, 단추, 색연필

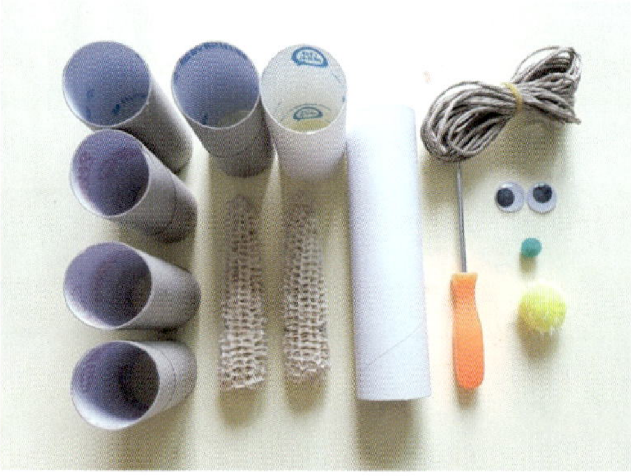

활동방법

1. 휴지심(포일심이나 옥수수 속대)의 느낌, 길이, 모양의 특징을 비교한다.
2. 원통모양으로 이루어진 사물이 무엇인지, 어디에서 사용된 것인지 이야기를 나눈다.
3. 서로 다른 원통을 연결한다.
4. 속대의 구멍을 뚫고 팔과 다리를 붙인다.
5. 다양한 장식물(퐁퐁이, 색종이, 스팽글, 천조각, 단추)로 얼굴과 몸을 꾸며 완성한다.

✻ 도움말 및 확장활동

- 옥수수 속대는 다 먹은 후에 햇빛에 말려서 만들기 재료로 사용할 수 있다.
- 교실 영역에서 원통으로 된 블록과 속대 등을 가지고 굴려 보면서 원통의 특성을 탐색하도록 한다.
- 송곳을 사용할 시에는 영유아의 안전을 위하여 교사가 도와준다.
- 완성한 작품은 역할놀이 영역에서 친구놀이로 연계하여 확장할 수 있다.

활동순서

❶

❷

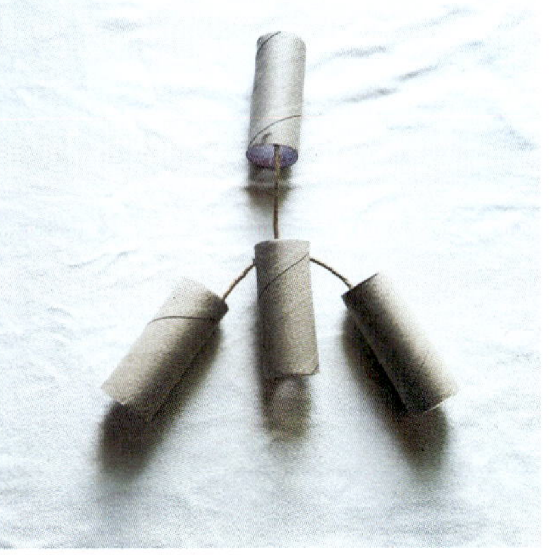

❸

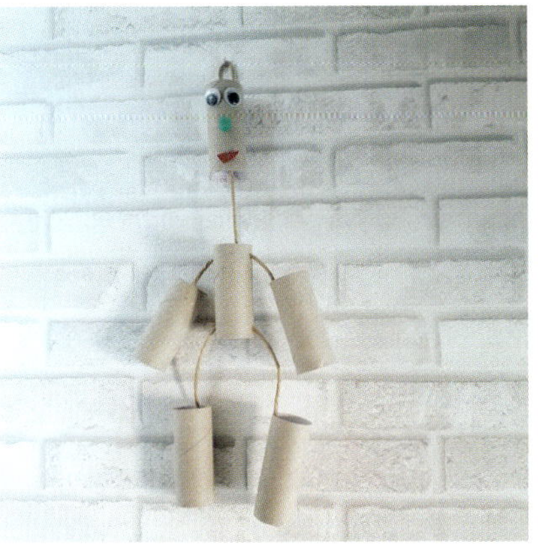

❹

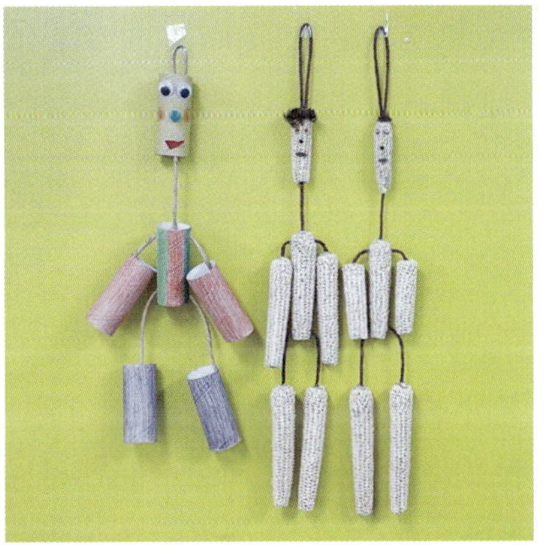

관련 활동 사진

〈루돌프 사슴〉

〈바람요정〉

38 골판지에 꾸미기(단오부채)

활동목표
- 우리나라 전통문화의 세시풍습인 단오에 대해 관심을 갖는다.
- 자연물을 이용하여 부채의 아름다움을 표현한다.

활동자료 골판지(폐품 종이상자), 나뭇가지, 나뭇잎(색종이), 목공용 접착제

활동방법

1. 우리나라 세시풍습인 단오에 대해 이야기를 나눈다.
2. 동그라미, 타원형, 세모, 네모, 하트 등 만들고 싶은 부채 모양을 정한다.
3. 골판지(폐품 종이상자)에 원하는 모양을 그린 후에 가위로 자른다.
4. 종이에 나뭇가지(나무젓가락)를 목공용 접착제로 붙인다.
5. 골판지에 나뭇잎이 떨어지지 않도록 목공용 접착제로 나뭇잎 위에 충분히 덧칠하여 붙인다.

✲ 도움말 및 확장활동

- 단오는 매년 음력 5월 5일이다. 이날은 모내기를 하고 잠시 쉴 수 있는 시기라서 창포물에 머리를 감고, 부채를 만들고, 그네를 타고, 씨름대회를 하며 하루를 즐겁게 보내는 날이다.
- 부채의 모양을 다양하게 만들어 창의성이 나타날 수 있도록 한다.
- 나뭇잎 대신에 색종이를 오려 붙이거나 누름 꽃을 사용할 수 있다.
- 바깥놀이 시간에 친구와 둘씩 짝지어 서로 부채질해주기 게임을 하며 놀이할 수 있다.

활동순서

❶

❷

❸

❹

관련 활동 사진

〈누름꽃 부채〉

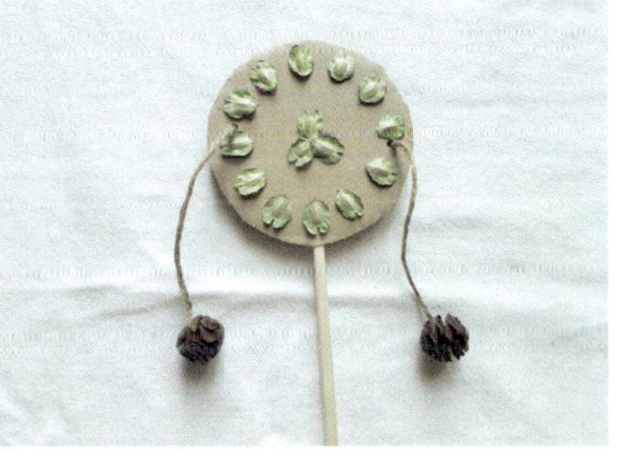

〈골판지 흔들북〉

39 병뚜껑으로 꾸미기(꽃나무)

활동목표
- 꽃의 구조에 대해 관심을 갖고 명칭을 알아본다.
- 꽃의 암술과 수술을 표현한다,

활동자료 병뚜껑, 색종이, 가위, 사인펜, 글루건(목공용 접착제)

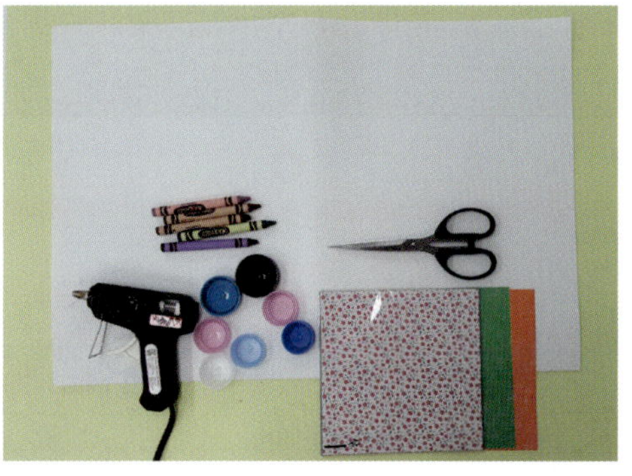

활동방법

1. 나무와 꽃의 구조에 대해 그림을 그리거나 이야기를 해 보고 병뚜껑으로 꽃과 꽃의 암술, 수술을 표현할 수 있도록 한다.
2. 병뚜껑으로 나무의 꽃을 만들기 위해 어떻게 만들지 이야기한다.
3. 색상지를 나무모양으로 오려서 흰 도화지에 붙인다.
4. 꽃의 암술과 수술을 표현하기 위해 무늬가 있는 색종이를 병뚜껑 크기로 오리거나 사인펜으로 꽃의 암술과 수술을 그린 다음에 병뚜껑에 넣는다.
5. 꾸민 병뚜껑을 나뭇가지에 붙여 꽃이 핀 것을 표현하여 완성한다.

✻ 도움말 및 확장활동

- 가정과 연계하여 다양한 종류의 병뚜껑을 모을 수 있도록 준비한다.
- 여러 가지 종류의 병뚜껑을 가지고 다양한 방법(색, 크기 등)으로 분류해 본다.
- 영유아가 병뚜껑을 가지고 모양 구성하기를 할 수 있도록 놀이영역에 제시해 준다.
- 바깥놀이 시간에 꽃의 수술이 어떤 모양인지 자세히 관찰한다.
- 꽃의 구조는 꽃잎, 암술, 수술, 꽃받침, 씨방, 가지 등이 있음을 알아본다.

활동순서

❶

❷

❸

❹

관련 활동 사진

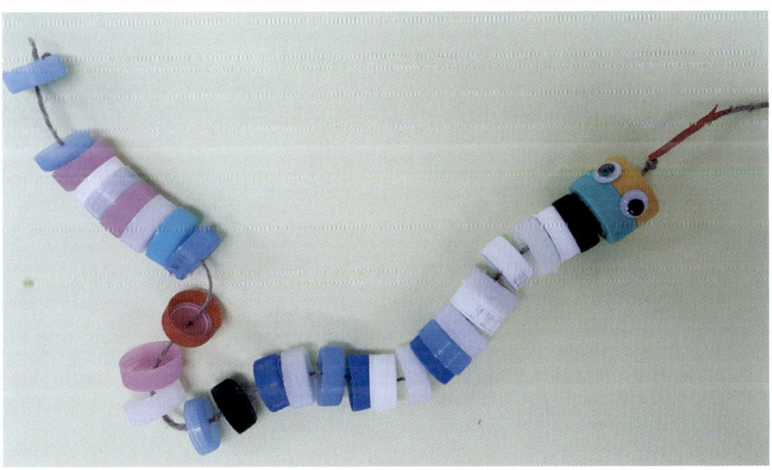

〈병뚜껑으로 만든 뱀〉

40 CD로 만들기(크리스마스 모빌)

활동목표
- 크리스마스의 유래와 의미를 안다.
- 털실을 사용하여 크리스마스의 분위기를 표현한다.

활동자료 CD, 털실, 스팡글(다양한 꾸미기 재료), 목공풀

활동방법

1. 크리스마스의 유래와 의미를 알아보고, 또한 다양한 크리스마스 장식물에 대해 이야기를 나눈다.
2. 실을 풀거나 감아보고 CD도 만져보고 굴려보면서 탐색한 후에 CD와 털실의 특징에 대해 영유아가 설명한다.
3. 털실과 CD를 이용해 모빌을 어떻게 만들 수 있는지 생각하고 방법을 이야기한다.
4. 털실을 CD의 구멍에 넣은 후 반복하여 감는다.
5. 스팽글이나 다양한 재료를 붙인다(영유아가 크리스마스 장식품인 초, 장화, 트리 등을 그림을 그려서 사용할 수도 있다).

✲ 도움말 및 확장활동

- 모빌을 만들기 전에 털실을 가지고 여러 가지 방법으로 구성하거나 실뜨기 놀이를 할 수 있다.
- 털실 감기를 할 때 자유롭게 감아 공간의 여백이 다양하게 나올 수 있도록 한다.
- CD만이 아닌 다른 재료를 이용하여 모빌을 만들 수 있다.

활동순서

❶

❷

❸

❹

관련 활동 사진

〈CD로 만든 달팽이〉

41 종이상자로 만들기(여러 가지 탈 것들)

활동목표
- 다양한 여러 가지 탈것의 종류에 대해 안다.
- 여러 가지 탈 것들의 특징을 종이상자에 표현한다.

활동자료 종이상자, 나무젓가락, 색종이, 목공용 접착제, 꾸미기 재료

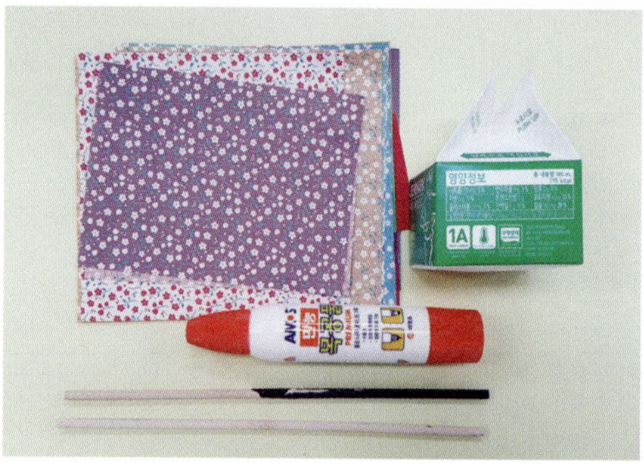

활동방법

1. 교통기관의 다양한 종류와 각 교통기관의 특징을 설명한다.
2. 폐품 종이상자로 만들고 싶은 교통기관을 정한다.
3. 폐품 종이상자에 색종이를 찢어 붙이고 창문과 문의 모양을 그린다.
4. 지붕은 한지를 오려 아래부터 올라가면서 순차적으로 붙여 가마를 만든다.
5. 다양한 재료를 가지고 교통기관의 특징에 따라 다양하게 만든다.

✽ 도움말 및 확장활동

- 색종이 찢어 붙이기를 할 때는 영유아의 소근육발달 정도에 따라 크기를 조절할 수 있도록 한다.
- 목공용 접착제를 사용할 때에는 손에 묻지 않도록 붓이나 면봉을 준비할 수 있다.
- 영유아의 안전을 위하여 교사는 유아가 원하는 모양대로 문을 오려준다.
- 완성된 작품을 가지고 쌓기 영역에서 교통 놀이를 한다.
- 큰 박스를 가지고 우리 교실에서 정한 교통기관을 공동작품으로 만들어서 역할 놀이를 할 수 있다.

활동순서

❶

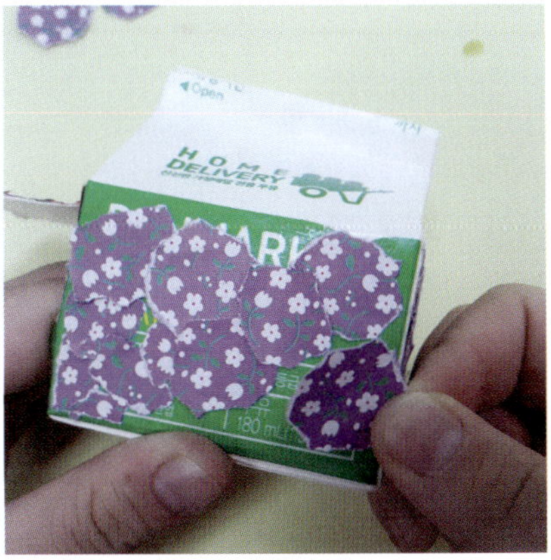

❷

❸

❹

관련 활동 사진

〈사진기 프레임과 활동사진〉

〈상자를 이용한 카메라〉

42 일회용 컵으로 만들기(새 모이통)

활동목표
- 다양한 플라스틱의 색깔과 모양, 질감을 탐색한다.
- 플라스틱을 이용하여 실용적인 물건을 만들어 본다.

활동자료 플라스틱 컵, 칼라 네임펜, 지끈, 커터칼, 곡식, 나뭇가지

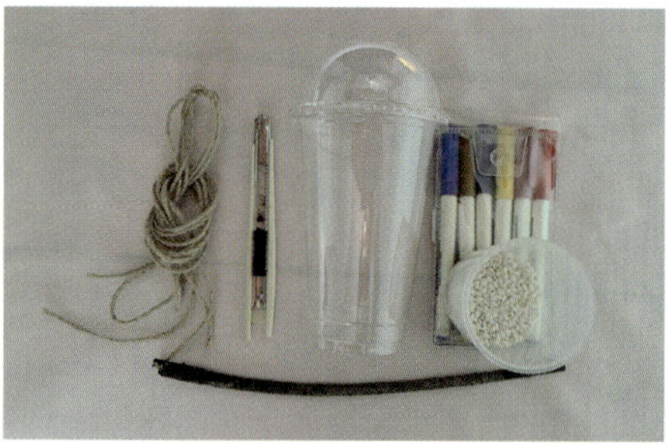

활동방법

1. 플라스틱의 모양, 색, 질감의 특징을 비교하며 탐색한다.
2. 생활 속에서 쓰고 있는 다양한 플라스틱 용품에 대하여 이야기나눈다.
3. 일회용 컵을 이용하여 새 모이통을 어떻게 만들지 이야기 나눈다.
4. 네임펜 또는 유성펜을 이용하여 플라스틱 컵에 그림을 그린다.
5. 새의 머리가 들어 갈 수 있도록 앞 부분에 구멍을 뚫는다
6. 컵의 양 옆 부분에 나뭇가지를 걸쳐 넣을 수 있도록 구멍을 뚫고 나뭇가지를 끼워 넣어 완성한다.

✲ 도움말 및 확장활동

- 우리 생활에 쓰이는 다양한 플라스틱의 좋은 점과 나쁜점을 알아본다.
- 환경오염이 되지 않도록 일회용 물건 사용하지 않기, 일회용 물건 사용 줄이기, 일회용 물건을 재활용하기 등 다양한 방법들을 이야기 나누고 생활 속에서 실천해 본다.
- 유아들이 모이 통에 구멍을 뚫기는 너무 위험하므로 교사가 도와주고 모이통을 숲 속이나 나무에 달아준다.

활동순서

❶

❷

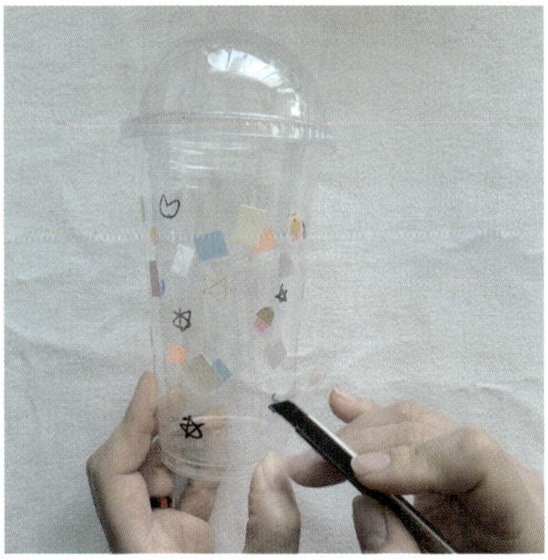

❸

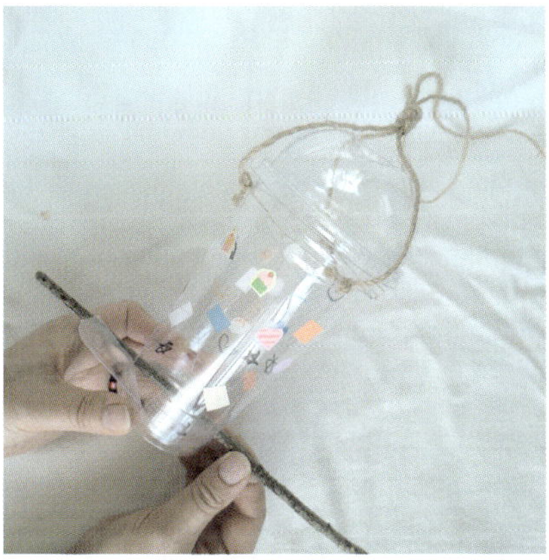

❹

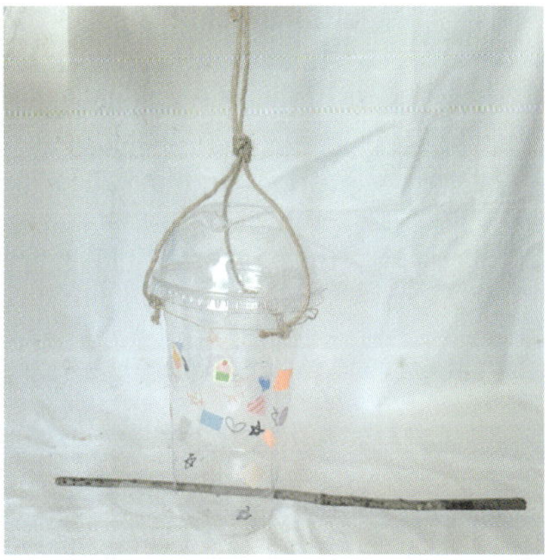

관련 활동 사진

〈숲에 새모이통 걸어주기〉

〈모이를 먹으러 온 동고비〉

43 커피가루로 만들기(동물)

활동목표
- 커피가루 점토의 특성을 탐색한다.
- 커피가루 점토로 동물의 특징을 다양하게 표현한다.

활동자료 커피가루, 목공용 접착제, 칡뿌리(지끈), 조개(퐁퐁이), 솔잎

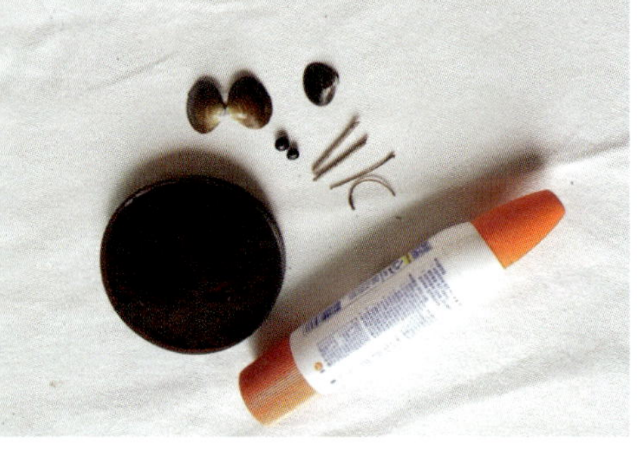

활동방법

1. 커피가루를 탐색(만지고, 냄새 맡기, 살살 뿌려보기 등)하며 커피가루의 특징을 설명한다.
2. 커피가루에 목공용 접착제를 넣으면 어떻게 될지 알아본다.
3. 교사는 영유아 앞에서 커피가루에 목공용 접착제를 넣어 반죽한다.
4. 영유아가 동물의 몸통을 둥그렇게(길쭉하게, 납작하게, 넓적하게) 만든다.
5. 동물의 특징에 따라 꼬리와 수염, 귀 등을 다양한 재료를 가지고 붙인다.
6. 영유아가 만든 동물의 이름과 특징을 이야기한다.

✻ 도움말 및 확장활동

- 커피가루는 사용 전에 신문지에 펼쳐서 말려 곰팡이가 생기지 않도록 한다.
- 자연물 재료(솔잎, 칡뿌리, 조개)가 없을 시에는 이쑤시개, 지끈 등 유아가 원하는 재료로 자유롭게 꾸밀 수 있다.
- 쌓기 영역에서 만든 커피가루 점토 동물을 가지고 동물원 놀이를 할 수 있다.
- 영유아가 반죽하기를 원할 시에는 커피가루에 밀가루 풀을 넣어 반죽하도록 한다.

활동순서

❶

❷

❸

❹

관련 활동 사진

〈나뭇잎 모양 찍어 만들기〉

〈밀가루 풀로 반죽하여 만든 작품〉

제4장

자연물을 활용한 미술활동

그리기

꾸미기 만들기

조소

44 돌에 그리기(무당벌레)

활동목표
- 돌이 가진 질감을 감각적으로 경험하며 돌의 특성을 안다.
- 돌의 형태에 맞는 무당벌레의 다양한 특성을 돌에 표현한다.

활동자료 돌, 나뭇가지, 물감, 붓, 글루건

활동방법

1. 돌을 가지고 만져보기, 굴려보기, 떨어뜨리기 등 탐색할 수 있도록 한다.
2. 돌을 가지고 할 수 있는 것들이 무엇인지, 돌이 사용되는 곳이 어디 있는지, 다양한 돌을 어디서 보았는지 등을 알아본다.
3. 돌의 형태와 맞는 곤충을 알아보고 돌에 무당벌레를 어떻게 그릴지 생각한다.
4. 돌에 무당벌레의 모양을 그리고 아크릴 물감으로 색칠한다.
5. 그늘에 잘 말려 완성되면 교사는 영유아가 만든 무당벌레를 나뭇가지에 붙여 교실에 전시한다.

✻ 도움말 및 확장활동

- 곤충들의 특징을 표현하기 위해서는 돌의 형태와 비슷한 곤충이 무엇인지, 이야기하고 다양한 사전 경험을 하도록 하는 것이 필요하다.
- 바깥놀이에서 모래를 체에 걸러내서 나온 돌과 모래의 특성을 비교할 수 있다.
- 돌을 가지고 사방치기, 공기놀이 등 돌로 할 수 있는 다양한 놀이를 확장활동으로 할 수 있다.

활동순서

❶

❷

❸

❹

관련 활동 사진

〈무당벌레〉

〈돌에 버찌열매로 그린 얼굴〉

45 조개껍질로 그리기(바다 생물)

활동목표
- 다양한 조개껍질의 색깔과 모양 질감을 탐색한다.
- 다양한 형태에서 볼 수 있는 아름다움을 표현한다.

활동자료 전복, 소라, 홍합 껍질, 크래프트지, 매직, 가위, 목공용 접착제

활동방법

1. 다양한 조개껍질의 모양, 색, 질감의 특징을 비교하며 탐색한다.
2. 다양한 조개껍질을 어디에서 보았는지, 어떻게 움직이는지 등 조개껍질과 연관된 경험을 이야기한다.
3. 조개껍질을 이용하여 다양한 바다 생물을 어떻게 표현할지 설명한다.
4. 조개껍질을 크라프트지에 붙이고 바다생물을 그림으로 그린다.
5. 그림으로 그린 바다생물을 오려서 도화지에 붙이고 꾸민다.

✽ 도움말 및 확장활동

- 바다 생물에 대한 지식을 넓혀 줄 수 있도록 사전에 바다에 사는 생물에 관한 책이나 그림, 동영상을 제시해 줄 수 있다.
- 유아들이 놀이로 연계할 수 있도록 소꿉영역이나 쌓기영역에 다양한 바다생물 모형을 제공해 준다.
- 유아들이 놀이할 때 손이 베이지 않도록 조개껍질을 조심히 다룰 수 있도록 알려준다.

활동순서

❶

❷

❸

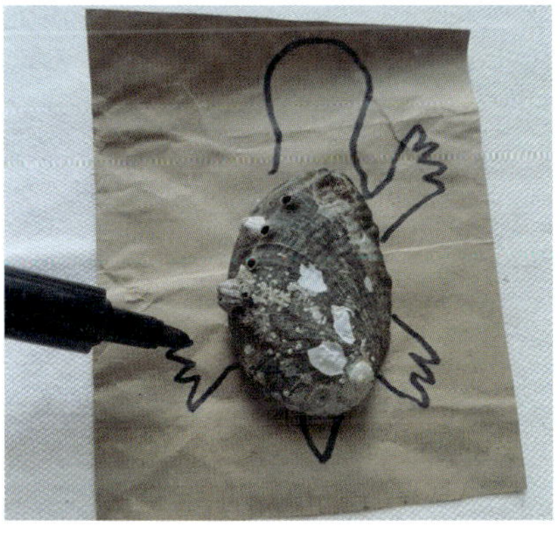

❹

관련 활동 사진

〈조개껍질과 소라를 가지고 만든 장식품〉

46 나무토막에 꾸미기(가족 얼굴)

활동목표
- 나무토막이 가진 질감을 감각적으로 경험하며 특성을 안다.
- 우리 가족 얼굴 생김새의 특징을 나무토막에 표현한다.

활동자료 나무토막, 털실, 눈알, 퐁퐁이, 유성매직, 목공용 접착제

활동방법

1. 나무토막을 보여 주며 무엇인지 어떻게 만들어졌는지 이야기한다.
2. 나무토막의 모양과 색, 질감, 무늬의 차이를 탐색한다.
3. 우리 가족의 구성원을 이야기한다.
4. 가족마다의 얼굴 특징이 표현될 수 있도록 특징을 이야기한다.
5. 가족의 얼굴을 꾸미기 재료로 꾸민다.

✻ 도움말 및 확장활동

- 사전에 다양한 나무의 특징을 느끼기 위해 바깥놀이 시간에 나무와 친해질 수 있도록 안아보기, 만져보기, 길이 재기 등 다양한 활동을 할 수 있다.
- 나무토막을 길게, 넓게 놓고 꾸밀 수 있도록 다양성을 준다.
- 목공용 접착제가 마를 때까지 움직이지 않으면 재료가 떨어지지 않는다는 것을 이야기해 준다.

활동순서

❶

❷

❸

❹

관련 활동 사진

〈자연물을 이용한 개구리 만들기〉

47 나뭇잎으로 꾸미기(나뭇잎 스테인드글라스)

활동목표
- 나뭇잎이 다양한 색을 가지고 있음을 안다.
- 자연 속에 있는 나뭇잎 색의 아름다움을 표현한다.

활동자료 다양한 나뭇잎, 검정 도화지, 목공용 접착제, 가위, 연필

활동방법

1. 색이 있는 자연물에는 어떤 것이 있는지 무슨 색을 가지고 있는지 이야기한다.
2. 영유아와 산책하면서 다양한 색의 나뭇잎을 주워온다.
3. 주워온 나뭇잎을 가지고 만져보기, 냄새 맡기, 찢어보기, 찍어보기 등 다양하게 탐색하고 느낌을 설명한다.
4. 검정 도화지를 반으로 접어 나뭇잎 모양을 그리고 가위로 오려낸다.
5. 다양한 나뭇잎을 부분부분 사용하여 잘라서 붙인다.
6. 꾸미기 한 후 영유아와 함께 나뭇잎의 아름다움에 대해 이야기를 나눈다.

✻ 도움말 및 확장활동

- 바깥놀이 시간에 나뭇잎 줍기, 날리기, 돌로 찍기 등을 하며 자연스럽게 나뭇잎의 특성을 탐색할 수 있다.
- 사전에 나뭇잎 구성하기 또는 나뭇잎 부엉이 만들기 등 다양한 활동을 하여 나뭇잎이 마르고 찢어지는 등 다양한 특성이 있음을 충분히 알 수 있도록 한다.
- 나뭇잎이 뒤틀리지 않게 하기 위해서는 나뭇잎을 잡지책 사이에 넣어 말린다.

활동순서

❶

❷

❸

❹

관련 활동 사진

〈나뭇잎을 활용한 작품〉

48 나뭇가지로 만들기(숲속 나무 인형)

활동목표

- 나뭇가지가 가진 질감을 감각적으로 경험하며 나무의 특성을 안다.
- 나뭇가지를 이용하여 숲속 나무 인형을 창의적으로 표현한다.

활동자료 나뭇가지, 나뭇잎, 풀, 도토리, 밤껍질, 매직, 본드, 감자칼

활동방법

1. 나무의 색깔 및 냄새, 나무의 질감 및 무게 느껴보기 등 다양한 감각을 이용하여 탐색할 수 있도록 한다.
2. 나뭇가지를 가지고 할 수 있는 것들이 무엇인지, 나뭇가지가 사용되는 곳이 어디 있는지 등을 이야기 나눈다.
3. 감자칼을 이용하여 나뭇가지 한쪽의 껍질을 벗긴다.
4. 색연필로 나무에 색을 칠하고 매직으로 눈, 코, 입을 그려준다.
5. 나뭇잎, 도토리껍질, 풀등을 이용하여 인형의 옷과 모자를 만들어 완성한다.

✲ 도움말 및 확장활동

- 숲속 산책을 하며 바닥에 떨어진 다양한 크기와 굵기의 나뭇가지와 꾸미기 재료를 주워 자신의 인형을 만들 수 있도록 한다.
- 유아들이 안전하게 감자 칼을 사용할 수 있도록 장갑을 끼거나 교사가 나무껍질을 벗겨 준비해 준다(말리지 않은 나무는 껍질이 잘 벗겨지므로 생나무 – 말리지 않은 나무를 준비하여 주는 것이 좋다)
- 완성된 숲속 나무 인형으로 인형놀이나 동화 꾸미기, 동극하기 등 연계활동을 한다.

활동순서

❶

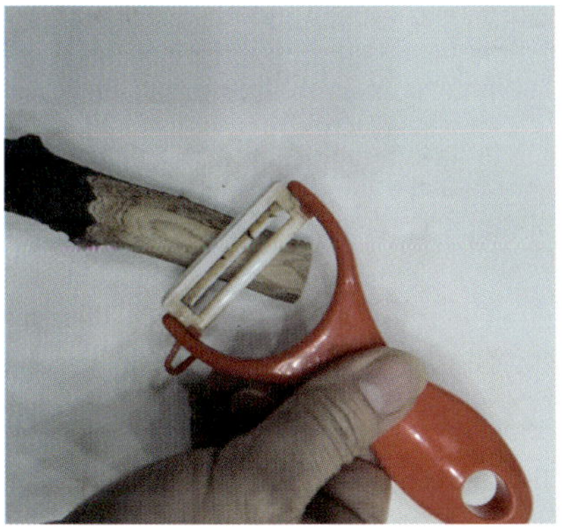

❷

❸

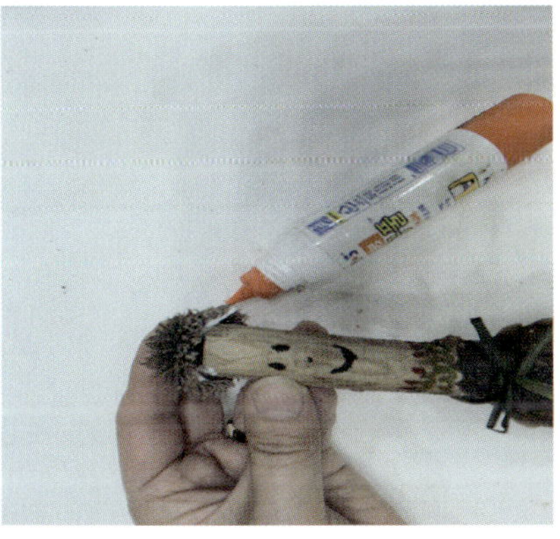

❹

관련 활동 사진

〈나뭇가지 별 장식 〉

〈나뭇가지 별 리스〉

49 풀로 만들기(자연물 모빌)

활동목표
- 다양한 자연물의 색, 모양, 냄새 등을 탐색한다.
- 분류한 자연물의 아름다움을 말로 표현한다.

활동자료 OHP필름, 색테이프, 여러 가지 꽃이나 들풀, 목공용 접착제, 송곳

활동방법

1. 식물에 생명이 있다는 것을 이야기하고 우리가 뜯을 수 있는 풀과 뜯어서는 안 되는 풀을 알아보고 바깥놀이 시간에 활동할 재료를 구한다.
2. 구해온 재료를 가지고 색, 모양, 냄새 등을 느끼도록 탐색한다.
3. OHP필름을 다양한 모양(동그라미, 세모, 하트 등)으로 자른 후 종이 테이프로 테두리를 감아 준비한다.
4. 유아는 다양한 자연물을 분류하여 붙일 수 있도록 OHP필름에 자연물로 공간을 나누고 자연물을 분류하여 목공용 접착제로 붙여 완성한다.

✲ 도움말 및 확장활동

- 바깥놀이 시간에 여러 가지 들풀이나 꽃이 바닥에 떨어진 것을 유아들과 함께 줍거나 주변에서 들풀이 많이 있는 것을 뜯는다.
- "풀을 뜯으면 안돼"라기보다는 자연은 우리에게 항상 여분을 주기에 꼭 필요한 만큼만 가져가고 고마운 마음을 가지고 더불어 살아간다는 인식을 갖도록 도와주는 것이 중요하다.
- 오랫동안 보관하고 싶은 경우에는 드라이플라워 혹은 풀잎을 책 사이에 끼워 건조한 뒤 사용한다.

활동순서

❶

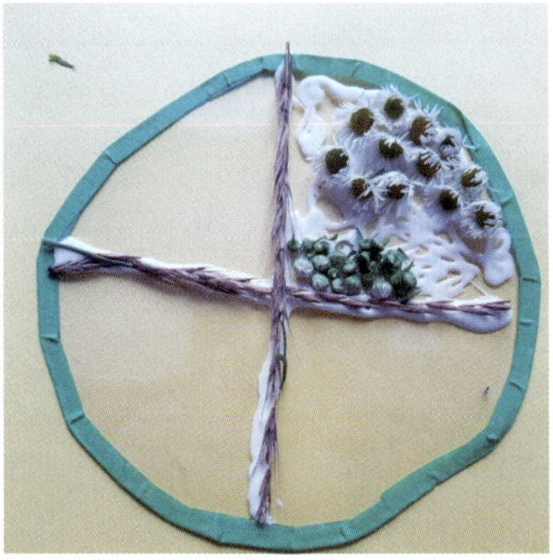

❷

❸

❹

관련 활동 사진

〈자연물 만다라 모빌〉

〈강아지풀 토끼〉

50 꽃잎으로 만들기(꽃 팔찌)

활동목표
- 다양한 꽃들의 색깔과 모양, 질감을 탐색한다.
- 자연에서 볼 수 있는 꽃을 이용하여 팔찌를 만들어 본다.

활동자료 여러 종류의 꽃, 종이테이프

활동방법

1. 자연에서 찾은 꽃들의 모양, 색, 질감의 특징을 비교하며 탐색한다.
2. 꽃을 이용하여 우리가 만들어 볼 수 있는 것들에 대해 이야기 나눈다.
3. 길고 좁은 종이테이프를 뒤집어 손목에 둘러 붙인다.
4. 종이테이프에 다양한 꽃 패턴을 만들어 가며 붙인다.
5. 친구들이 만든 팔찌를 보며 감상한다.

✻ 도움말 및 확장활동

- 4계절에 따라 우리 주변에서 볼 수 있는 다양한 꽃들을 알아본다.
- 꽃들을 이용하여 만들기 할 때는 직접 따지 않고 땅에 떨어진 꽃을 이용하여 자연보호를 직접 실천하도록 한다.
- 꽃 이외에 다양한 잎, 작은 열매 등의 자연물을 이용하여 팔찌 이외에 다른 장식물을 만들어 보도록 한다.

활동순서

❶

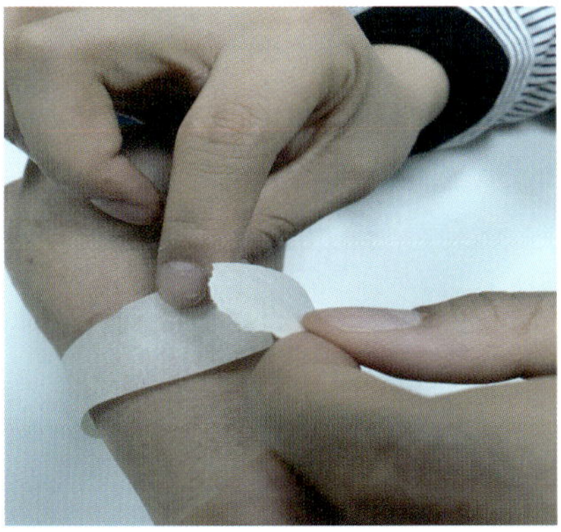

❷

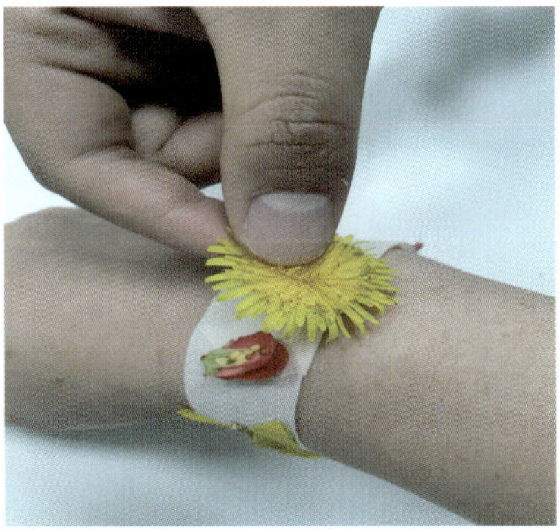

❸

❹

관련 활동 사진

〈목련 꽃 그림〉

〈목련 꽃 풍선 불기〉

51 열매로 만들기(곤충)

활동목표
- 나무 열매들이 가진 서로 다른 질감의 특성을 느낀다.
- 열매와 여러 종류의 자연물을 이용하여 다양한 곤충을 표현한다.

활동자료 목련 씨앗 주머니, 은단풍 나무 씨앗, 피라카타(빨간열매)

활동방법

1. 목련 씨앗 주머니와 열매 가지고 모양, 색, 질감, 무게 등을 탐색 해 보고 열매의 특징을 이야기 나눈다.
2. 목련 씨앗 주머니를 이용하여 곤충을 꾸며보도록 한다.
3. 목련 씨앗 주머니에 찰흙을 붙이고 은단풍나무 씨앗이나 나뭇잎으로 날개를 붙여 꾸민다.
4. 열매의 앞부분에 찰흙을 붙여 곤충의 머리를 만든다.
5. 피라카타 씨앗으로 눈을 붙여 곤충을 완성한다.

✲ 도움말 및 확장활동

- 동물이나 만들고 싶은 사물을 만들어 보는 활동으로 연계 확장한다.
- 숲속 산책이나 바깥놀이 시간에 주변에 있는 나무와 꽃들에 관심을 갖고 열매를 탐색하면서 자연에 친근감을 갖고 생명을 존중하는 태도를 갖도록 한다.
- 만들기에 쓸 수 있는 재료들을 산책하면서 자연스럽게 모아볼 수 있도록 한다.

활동순서

❶

❷

❸

❹

관련 활동 사진

〈도토리 팽이〉

〈열매와 찰흙으로 만든 거미〉

52 돌로 만들기(매미)

활동목표
- 다양한 돌들이 가진 서로 다른 질감의 특성을 느낀다.
- 나뭇잎, 돌, 열매 등의 다양한 자연물을 이용하여 표현한다.

활동자료 나뭇잎, 찰흙, 돌, 나무열매

활동방법

1. 다양한 돌을 탐색해보고 서로 다른 모양, 색, 질감, 무게 등을 비교해본다.
2. 매미를 본 경험이 있는지 이야기 나누고 매미의 특징, 매미의 소리, 사는 곳 등을 알아본다.
3. 돌멩이에 콩만큼 찰흙을 바르고 나뭇잎을 눌러 붙인다.
4. 돌의 앞부분에 열매로 눈을 붙여 매미를 완성한다.

✻ 도움말 및 확장활동

- 매미는 어디에서 사는지 먼저 관찰을 하고 난 후 나무에 붙어 매미가 되어보는 놀이로 연계할 수 있다.
- 사전에 유아들과 함께 매미에 대해 직접 관찰하거나 영상을 관람하여 매미에 대해 관심을 갖도록 한다.
- 나무, 돌, 열매 이외의 만들기에 쓸 수 있는 자연물을 찾아본다.
- 지점토, 목공풀, 끈 등 다양한 재료를 제공하도록 한다.

활동순서

❶

❷

❸

❹

관련 활동 사진

〈돌멩이 나뭇잎 압화〉

〈돌에 표현한 얼굴〉

53 찰흙으로 만들기(잠자리)

활동목표

- 찰흙이 가진 질감을 감각적으로 경험하며 흙의 특성을 안다.
- 곤충의 특징에 주의를 기울여 형태를 표현한다.

활동자료 찰흙, 나뭇가지, 나뭇잎, 나무열매

활동방법

1. 찰흙을 가지고 다양하게 만져보기, 두들겨보기 찍어보기, 잘라보기 등 탐색한다.
2. 찰흙의 촉감과 특성이 어떤지 말로 설명한다.
3. 곤충 또는 잠자리 몸의 구조에 대해 이야기를 나눈다.
4. 잠자리의 구조 중에 찰흙과 나뭇가지로 어떻게 표현할지 이야기를 한다.
5. 나뭇가지에 잠자리 몸과 머리를 찰흙으로 붙인다.
6. 나뭇잎으로 날개와 열매로 눈알을 붙여 완성한다.

✽ 도움말 및 확장활동

- 찰흙으로 잠자리를 만들기 전에 자유롭게 다양하게 질감을 느낄 수 있도록 찰흙을 만져볼 수 있다.
- 자연물 재료(나뭇가지, 나뭇잎, 콩)가 없을 시에는 다른 재료를 사용해 꾸미도록 한다.
- 찰흙을 말릴 때에는 그늘에서 말려 찰흙이 갈라지지 않도록 한다.
- 나뭇가지는 교사가 사전에 적당한 크기로 잘라서 준비해도 좋다.

활동순서

❶

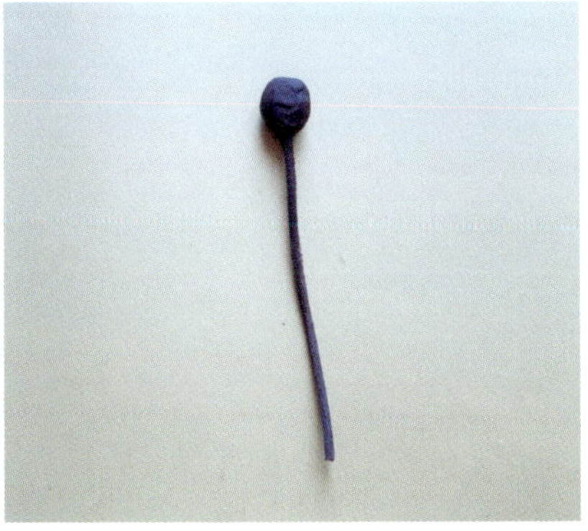

❷

❸

❹

관련 활동 사진

〈도토리 형제〉

〈사람얼굴〉

부록

번호	활동명	재료			표현기법			놀이 주제
		인공물	폐품	자연물	그리기	꾸미기·만들기	조소	
1	다양한 도구로 그리기(자유화)	●			●			기타
2	파스텔로 그리기(노을)	●			●			기타
3	베껴내기(나뭇잎)	●			●			봄, 여름, 가을, 겨울
4	펀치로 찍어 그리기(봄동산)	●			●			봄, 여름, 가을, 겨울
5	선 그리기(선물상자)	●			●			나
6	쿠킹호일에 그리기(점과 선)	●			●			기타
7	모래종이에 그리기(풍경)	●			●			환경과 생활
8	손가락 찍기(봄동산)	●			●			봄, 여름, 가을, 겨울
9	바퀴로 찍기(자동차 길)	●			●			교통기관
10	데칼코마니(나비)	●			●			봄, 여름, 가을, 겨울
11	안개그림(여름옷))	●			●			봄, 여름, 가을, 겨울
12	실로 그리기(고기 잡는 어부)	●			●			우리동네
13	거품으로 그리기(목욕탕)	●			●			우리동네
14	마블링(오대양 육대주)	●			●			세계여러나라
15	우드락에 판화(과일)	●			●			건강과 위생
16	면봉으로 찍기(에펠탑)	●			●			세계여러나라
17	비밀그림(바닷속 꾸미기)	●			●			환경과 생활
18	촛농으로 그리기(선인장)	●			●			동식물과 자연
19	한지에 염색하기(접어서 오리기)	●				●		우리나라
20	색종이 접기(작은새)	●				●		동식물과 자연
21	종이 직조(컵받침)	●				●		생활도구
22	잡지 꼴라쥬(내얼굴)	●				●		나와 가족
23	막대로 꾸미기(공작새)	●				●		동식물과 자연
24	반짝이 줄로 꾸미기(불꽃놀이)	●				●		환경과 생활

번호	활동명	재료			표현기법			놀이 주제
		인공물	폐품	자연물	그리기	꾸미기·만들기	조소	
25	크레프트지로 만들기(동물모자)	●				●		동식물과 자연
26	풍선으로 만들기(내친구)	●				●		유치원과 친구
27	모루로 만들기(색안경)	●				●		생활도구
28	빨래집게로 만들기(음식 먹는 사람)	●				●		건강과 위생
29	EVA로 만들기(롤러코스트)	●				●		유치원과 친구
30	동철사로 만들기(교통기관)	●				●		교통기관
31	지점토로 만들기(가방 장식품)	●					●	유치원과 친구
32	폼크레이로 만들기(손거울)	●					●	생활도구
33	종이죽으로 만들기(탈)	●					●	우리나라
34	도예토로 만들기(액자)	●					●	나와 가족
35	신문지에 그리기(매화와 대나무)		●		●			우리나라
36	비닐봉투에 그리기(곰돌이 가면 인형)		●		●			동물, 가을
37	휴지심으로 만들기(친구)		●			●		유치원과 친구
38	골판지에 꾸미기(단오 부채)		●			●		봄, 여름, 가을, 겨울
39	병뚜껑으로 꾸미기(꽃나무)		●			●		동식물과 자연
40	CD로 만들기(크리스마스 모빌)		●			●		봄, 여름, 가을, 겨울
41	종이상자로 만들기(여러가지 탈 것들)		●			●		교통기관
42	일회용 컵으로 만들기(새모이통)		●			●		동식물과 자연
43	커피가루로 만들기(동물)		●				●	동식물과 자연
44	돌에 그리기(무당벌레)			●	●			동식물과 자연
45	조개껍질로 꾸미기(바다 생물)			●		●		봄, 여름, 가을, 겨울
46	나무토막에 꾸미기(가족 얼굴)			●		●		나와 가족
47	나뭇잎으로 꾸미기(스테인드글라스)			●		●		봄, 여름, 가을, 겨울
48	나뭇가지로 만들기(숲속인형)			●		●		나와 가족
49	풀로 만들기(자연물모빌)			●		●		동식물과 자연
50	꽃잎으로 만들기(꽃 팔찌)			●		●		동식물과 자연
51	열매로 만들기(곤충)			●		●		동식물과 자연
52	돌로 만들기(매미)			●		●		동식물과 자연
53	찰흙으로 만들기(잠자리)			●			●	동식물과 자연

참고문헌

교육과학기술부, 보건복지부(2013). 3~5세 연령별 누리과정 해설서.

교육부, 보건복지부(2019). 2019 개정 누리과정 해설서.

교육부, 보건복지부(2019). 2019 개정 누리과정 놀이실행자료.

교육부, 보건복지부(2019). 2019 개정 누리과정 놀이이해자료.

교육인적자원부(2000). 유치원 교육활동 지도자료 1 총론.

권은주(2012). 미술치료 프로그램이 유아의 정서지능과 공격성에 미치는 효과. **한국복지실천학회지**, 4(1), 49-90.

김경철(1997). 영유아교육 평가의 새로운 대안 : 포트폴리오. **열린 영유아교육학회**, 113.

김선월(2012). 자연의 미적 요소에 기초한 유아미술교육 프로그램의 개발 및 적용효과. 중앙대학교 대학원 박사학위논문.

김영옥(2019). 유아중심 관점의 국가수준 유아교육과정에 대한 사유(思惟). **유아교육연구**, 39(2), 235-253.

김영주, 안혜숙(2004). 소집단 협동미술활동이 유아의 정서지능 발달에 미치는 효과. **생활과학논문집**, 6(1), 27-41.

김인호, 이종욱(2012). 생활 주변 환경의 미술요소 탐색활동이 유아의 그림표현에 미치는 영향. **아동교육**, 21(4), 169-188.

김정희(2002). 유아를 위한 미술감상법에 관한 연구, **한국색채교육학회지**, 11.

김현수, 조수현(2012). 미술 중심 통합문화예술 교육이 유아의 창의성과 사회성발달에 미치는 영향. **열린유아교육연구**, 17(6), 145-173.

김현자, 서지영, 홍은주, 오지영, 조득현(2013). **활동 중심 아동미술**, 서울: 창지사.

김혜진(2009). 전자포트폴리오를 활용한 평가방법 개발(영유아미술교육을 중심으로). 경희대학교 교육대학원 석사학위논문.

류재만(2000). 미술감상학습에서 교수학습모형에 관한 연구. **미술교육논총**, 9, 101-118.

류진희(2000). **유아교사를 위한 교육실습과 교육활동**. 서울: 양서원.

박광숙(2015). **영유아미술교육**. 경기: 양서원.

박현주, 황혜자, 김갑숙(2006). 정서발달이론이 기초한 집단미술치료가 유아의 부적응 행동 변화에 미치는 효과. **미술치료연구**, 13(2), 151-173.

박화윤(2001). 미술작품 감상활동이 유아의 창의성발달에 미치는 영향. **아동학회지**, 22(2), 277-290.

박화윤(2007). 유아의 미술표현 및 감상교육. 서울: 동문사.

박휘락(2003). 미술감상과 비평교육. 서울: 시공사.

보건복지부(2013). 제3차 어린이집 표준보육과정 교사용 지침서.

보건복지부(2013). 제3차 어린이집 표준보육과정 교사용 해설서.

보건복지부(2020). 제4차 어린이집 표준보육과정 총론.

보건복지부(2020). 제4차 어린이집 표준보육과정 해설서.

보건복지부, 교육과학기술부(2013). 3~5세 연령별 누리과정 교사용 지침서.

보건복지부, 교육과학기술부(2013). 3~5세 연령별 누리과정 교사용 해설서.

심성경, 백영애, 이영희, 이효숙, 박지애, 박주희(2007). 유아미술교육. 경기: 공동체.

양연숙 외(2016). 영유아미술교육. 경기: 양서원.

오연주(2013). 영유아미술교육. 서울: 창지사.

우수경, 이성희, 이현정, 최미화, 김현자, 김기예(2016). 유아미술교육. 경기: 공동체.

유성이, 조경자(2015). 재료 중심의 영유아 미술 활동. 서울: 동문사.

유수경, 박선미(2008). 유치원 미술활동 운영에 대한 현상학적 접근. 생태교육연구, 7(1), 143-169.

유영옥(2008). 유아교사의 미술수업에 나타난 실천적 지식에 대한 탐구. 성신여자대학교 대학원 박사학위청구논문.

유영옥(2009). 유아교사를 통해 유아미술교육 관련 현직교육의 필요성 및 요구. 생태교육연구, 8(4), 133-156.

유희정(2017). 영유아미술교육. 경기: 공동체.

윤희경, 임미혜, 김애옥, 이분려, 장미아, 고영희(2003). 현장 중심 유아 교수-학습방법. 경기: 창지사.

이경연(2016). 3세유아를 위한 감각놀이 기반 미술교육 프로그램 개발 및 효과, 중앙대학교 대학원 박사학위논문.

이소은, 권기남(2011). 아동미술. 경기: 양서원.

이소은 외(2015). 아동미술. 경기: 양서원.

이숙재, 김경란, 이방실(2015). 영유아 미술교육. 서울: 창지사.

이원영, 임경애, 김정미, 강유진(2015). 유아미술교육. 서울: 학지사.

이인실(2003). 다음세대를 위한 미술활동집 · 가을편. 서울: 다음세대.

이인실(2003). 다음세대를 위한 미술활동집 · 겨울편. 서울: 다음세대.

이인실(2003). 다음세대를 위한 미술활동집 · 여름편. 서울: 다음세대.

이정욱(2019). 누리과정 개정안의 주요 특징 및 쟁점 분석. 유아교육연구, 39(2), 255-277.

이정욱 외(2010). 탐색 · 표현 · 감상의 통합적 유아미술교육. 서울: 정민사.

이정욱, 임수진(2015). 탐색 · 표현 · 감상의 통합적 유아미술교육. 경기: 정민사.

이정환(2000). 유아교육의 통합적 미술교육과정. 서울: 창지사.

이정환, 김희진(2008). 영유아를 위한 조형미술활동. 서울: 파란마음.

임현숙 외(2013), 영유아통합미술활동. 서울: 창지사.

전남련, 황연옥, 이혜배, 강은숙, 권경미(2009). 아동관찰 및 행동연구. 경기: 양서원.

정미경(1999). 미적 요소에 기초한 활동 중심 통합미술 프로그램이 유아의 미술표현능력 및 감상능력에 미치는 영향. 중앙대학교 박사학위논문.

조용자(2004). 미적 요소에 기초한 명화감상활동이 유아의 창의성과 미술표현력에 미치는 영향. 원광대학교 대학원 석사학위논문.

지성애(2014). 감각운동 중심 미술활동이 3세 유아의 그리기표상능력, 언어능력, 주의집중력에 미치는 효과. 유아교육학논집, 18(3), 79-105.

지성애, 김성현(2014). 만 3세 유아 미술교육에 대한 교사의 인식 및 실태. 유아교육학논집, 18(1), 23-48.

지성애, 박찬옥, 유구종, 조형숙(2010). 유치원교육과정에 기초한 총체적 유아미술교육 프로그램 개발. 유아교육학논집, 14(5), 99-133.

최현미, 문무경(2007). 유치원 미술교사의 활동지도 과정에 대한 질적 연구. 아동교육 16(2), 185-199.

하정연, 김용환, 백정이(2015). 자연친화적 접근의 유아미술교육. 경기: 공동체.

하정연 외(2015). 자연친화적 접근의 유아미술교육, 서울: 공동체.

한경애 외(2016). 유아미술교육. 경기: 정민사.

한국미술교과교육학회(1999). 유아미술교육학. 서울: 학문사.

한미양(2012). 미술활동을 활용한 유아 인성교육 프로그램 개발. 강남대학교 대학원 박사학위논문.

홍순옥, 정수금(2003). 협동 미술활동이 유아의 사회 · 정서적 발달에 미치는 영향. 유아교육론총, 12, 1-16.

Isenberg, J. P., & Jalongo, M. R.(2001). Creative expression and play in the early childhood curriculum. New York: Prentice-Hall. Inc.

Koster, J. B.(2012). Growing artists: Teaching the art to young children, 5th edition. NY: Delmar Publishers INC.

Mayesky, M.(2004). Creative activities for young children. New York: Delmar Publisher Inc.

Mayesky, M.(2010). Creative Activities for children, 5th edition. New York: Delmar Publishers INC.

Pitri, E.(2002). Education context and early childhood art-related problem solving. The Ohio State University.

Seeley, W. P.(2013). Art, Meaning, and Perception: A Question of Methods for a Cognitive Neuroscience of Art. The British journal of aesthetics, 53(4), 443-460.

〈참고사이트〉

http://kr.pinterest.com

http://www.artlala.co.kr

〈사진출처〉

구리시 갈매 행복 어린이집

의정부 푸르미 어린이집

서울 포르테 몬테소리 어린이집

핸즈코리아

사랑샘 유치원

찾아보기

저/자/소/개

■ **오새니**

원광대학교 사범대학 유아교육과 학사
덕성여자대학교 대학원 유아교육과 석사
덕성여자대학교 대학원 유아교육과 박사
현) 유한대학교 아동보육과 교수

■ **장은미**

이화여자대학교 사범대학 유아교육과 학사
이화여자대학교 교육대학원 유아교육과 석사
협성대학교 일반대학원 사회복지학과 박사
전) 염광유치원 교사
한림성심대학 유아교육과 겸임교수
경기동부보육교사교육원 전임교수
경기북부육아종합지원센터장
현) 영유아 미래연구소장
저서) 재료와 기법 중심의 영유아 미술교육(공저, 2018)
놀이야! 인성을 부탁해(공저, 2018)
놀이중심 개정누리과정에 기초한 유아미학(공저, 2019)

■ **홍성숙**

이화여자대학교 사범대학 유아교육과 학사
이화여자대학교 교육대학원 유아교육과 석사
전) 학교법인 계상유치원장
경복대학교 유아교육과 강의전담 조교수
현) 한일교회 부속 한일유치원장
저서) 재료와 기법 중심의 영유아 미술교육(공저, 2018)
놀이야! 인성을 부탁해(공저, 2018)
놀이중심 개정누리과정에 기초한 유아미학(공저, 2019)

■ **허진**

이화여자대학교 사범대학 유아교육과 학사
이화여자대학교 교육대학원 유아교육과 석사
전) 아이빛어린이집 원장인천 이화유치원장
경복대학교 영유아보육학과 강사
현) 그린나래유치원장
저서) 재료와 기법 중심의 영유아 미술교육(공저, 2018)

■ **한경애**

성균관대학교 대학원 미술학 석사(미술사 전공)
성균관대학교 대학원 철학 박사(미학 전공)
현) 성균관대학교 겸임교수

■ **박유순**

부경대학교 산업디자인과 학사
전) 인터콤 그래픽디자이너
현) 숲 해설가생태미술 전문 강사
산생태교육연구소 이사
인천 녹색연합 초록교사
인천 녹색연합 소식지 자연물 만들기 연재
저서) 재료와 기법 중심의 영유아 미술교육(공저, 2018)
숲속 미술 놀이(공저, 2020)

협/력/진

■ **지현경**

전) 여림유치원장
현) 파주 소화유치원 원장
경복대학교 유아교육과 겸임교수

■ **서민경**

전) 아이사랑유치원 교사
현) 해밀어린이집 교사
행복드림연구소 연구원

개정판

영유아미술교육

1판 1쇄 발행 — 2018년 3월 5일
2판 1쇄 발행 — 2021년 2월 26일

저　　자 - 오새니 · 장은미 · 홍성숙 · 허진 · 한경애 · 박유순
발 행 인 - 강철원
발 행 처 - 양성원
주　　소 - 경기도 파주시 검산로 173번길 29-20
전　　화 - 031-946-3861(代)
팩　　스 - 031-946-3864
이 메 일 - tnwpub@naver.com
홈페이지 - tnwpub.co.kr
출판등록 - 2015년 8월 31일 제 2015-000211 호

ISBN 979-11-6126-354-0

정가 19,000원